CHRISTOF WIECHERT

Die Waldorfschule

Eine Einführung

W0046858

CHRISTOF WIECHERT

Die Waldorfschule

Eine Einführung

Mit Zeichnungen von Hans Dieter Appenrodt

VERLAG AM GOETHEANUM

Die in diesem Buch abgebildeten Zeichnungen stammen von dem in Holland lebenden Künstler Hans Dieter Appenrodt. Sie sind speziell für den Inhalt dieses Büchleins entworfen und verraten nicht nur eine geniale Federführung, sondern auch psychologisches Verständnis und einen feinen Sinn für Humor, den man bei pädagogischen Themen am allerwenigsten missen möchte. Appenrodts Ausdrucksweise hat Leichte wie Tiefe, so dass der Betrachter immer wieder mit innerer Freude den Blick auf diesen scheinbar so einfachen Bildern ruhen lässt. Der Verfasser dieser Schrift erkannte wiederum in Appenrodts Bildern, was er durch Worte darzustellen versucht.

Wir möchten Hans Dieter Appenrodt an dieser Stelle herzlich für die gute Zusammenarbeit danken. Das Copyright liegt beim Künstler.

C. Wiechert

Der Verlag am Goetheanum im Internet: www.vamg.ch

Einbandgestaltung von Wolfram Schildt | Anna S. Fischer
unter Verwendung einer Zeichnung von Hans Dieter Appenrodt

Lektorat: Lydia Fechner, Heppenheim
Satz: Höpcke, Hamburg
Druck und Bindung: Druckhaus Nomos, Sinzheim
ISBN 978-3-7235-1489-4

INHALTSVERZEICHNIS

*«Wir brauchen in dieser Schule, wenn wir
in der richtigen Weise vorwärtskommen wollen,
mehr als in einer anderen ein vertrauensvolles
Zusammenwirken mit den Eltern. Unsere Lehrer sind
durchaus darauf angewiesen, dieses vertrauensvolle
Zusammenwirken mit den Eltern der Kinder zu
finden. Denn unsere Schule ist durch und durch auf
geistige Freiheit gebaut.»*

RUDOLF STEINER
GA 298, Ansprache am Elternabend 13. Januar 1921, S. 68

VORWORT

1919, als die erste Waldorfschule in Stuttgart begründet wurde, gab es keine aufgeschriebene Einführung in die Waldorfpädagogik. Für Eltern, Lehrer, Schüler und Bildungspolitiker mussten Erzählungen ausreichen. Man war neugierig, wollte Neues, ließ sich auf Experimente ein, war bereit, selbst Erfahrungen zu sammeln und diese danach erst zu beurteilen. Die Einführungsliteraturen begannen erst in den 1970ern und das oft mit programmatischen Titeln wie «Erziehung zur Freiheit», ein in viele Sprachen übersetzter Bestseller von Frans Carlgren. Trotz vieler Einführungen, noch mehr Fachliteratur und mancher erziehungswissenschaftlichen Diskussion sind die Urteile und Vorurteile genauso unverändert geblieben wie das Änigmatische der Waldorfpädagogik.

Warum also noch eine Einführung? Christof Wiechert hat jahrzehntelang als Waldorflehrer und später als Leiter der Pädagogischen Sektion am Goetheanum (1999 bis 2009) wie wenige andere den Erfahrungshorizont dieser Waldorfschulbewegung geprägt, hinterfragt und die Pädagogik weiterentwickelt, ist leichtgläubig akzeptierten Traditionen auf den Grund gegangen und hat die Wurzeln wieder freigelegt, eben das

Verständnis der Entwicklung von Kindern und Jugendlichen auf leiblicher, seelischer und geistiger Ebene, auf
der jede individualisierte waldorfpädagogische Praxis
aufbauen sollte; und wenn sie das tut, dann auch in
allen Kulturen in dem je eigenen kulturellen Kontext
praktiziert werden kann. Die Fragen heutiger Eltern –
weltweit, die umkämpfte Situation der Kinder heute,
die als Opfer von Werbung und Leistungserwartungen
der Erwachsenen oft nicht mehr zu sich selbst kommen
können – weltweit, erfordern eine ganz andere Darstel-
lung und selbstverständlich Praxis der Waldorfpädagogik. Christof Wiechert hat in seinen Büchern «Lust aufs
Lehrersein?!» (2010) und «Du sollst sein Rätsel lösen
…, Gedanken zur Kunst der Kinder- und Schülerbe-
sprechung» (2012) bereits für Waldorflehrerinnen und
-lehrer auf Grundelemente gewiesen, deren Berücksich-
tigung die heutige Anforderung an Schule und insbesondere an Waldorfschule notwendig macht. Es ist die
Besinnung auf die Grundlagen, die die heutige Waldorfpädagogik braucht – weltweit.

Auf diesem Hintergrund hat es der Verlag als notwendig erachtet, gerade Christof Wiechert zu bitten,
eine Einführung zur Waldorfpädagogik zu schreiben,
die Eltern, Interessierten, Kritikern und Freunden einen
frischen Blick ermöglicht.

Nana Göbel

Ursprung, Gegenwart und Zukunft

Die Zeit direkt nach dem Ersten Weltkrieg bedeutete für Deutschland Chaos und Revolution. Ein ganzes Volk musste sich zurechtfinden in zerrütteten Verhältnissen und sich dabei eine neue Lebensgrundlage sichern. In dieser Nachkriegs-Notlage versuchten verschiedene Persönlichkeiten, nicht nur die Not der Menschen zu lindern, sondern auch soziale Erneuerungen in die Wege zu leiten in der Hoffnung auf eine Nachhaltigkeit der Wirkung.

Zu diesen ‹bewegten Bewegern› gehörte auch der sozial engagierte Direktor der Waldorf Astoria Zigarettenfabrik in Stuttgart, Emil Molt. Er betrieb damals innerhalb seiner Fabrik eine Arbeiterfortbildung (in bezahlter Arbeitszeit!) und fasste die Idee, eine über die staatliche Schule hinausgehende Bildung für die Kinder der Arbeiter zu ermöglichen.

Molt war Schüler Rudolf Steiners, was bedeutete, dass er versuchte, einen Pfad der persönlichen Entwicklung und Schulung geistiger Kräfte zu gehen. Viele Schüler Steiners und Mitglieder der Anthroposophischen Gesellschaft versuchten zu jener Zeit zusammen mit Steiner, die Nöte der Nachkriegszeit durch eine neue gesellschaftliche Sozialgestaltung zu lindern, um dadurch Aussicht zu gewinnen auf eine bessere Zukunft. Dieser Impuls, der in anthroposophischen Kreisen bekannt ist als die Zeit der sogenannten Dreigliederung des sozialen Organismus, scheiterte – trotz gewaltiger Anstrengungen von Seiten vieler Beteiligter – schon in seinen Anfängen.

Es ist müßig, sich zu fragen, ob die Waldorfschulen aus diesem Impuls der Dreigliederung entstanden sind oder ob sie einer parallelen Entwicklung entsprangen, denn Emil Molt engagierte sich in beidem, Schulgründung und Gesellschaftsgestaltung. Wesentlich ist, dass die Waldorfschule in kürzester Zeit inmitten dieser tumultuarischen und chaotischen Zustände in Stuttgart entstand. Man kann mit Sicherheit sagen, dass es diesen schweren Zeiten zu verdanken ist, dass die «Fabriksschule» von den Behörden die Erlaubnis zur Gründung bekam. Wenige Jahre später schon schloss sich das Zeitfenster wieder und die Behörden versuchten, die Schule durch «Austrocknen» zu schließen: der neuen ersten Klasse wurde die Starterlaubnis verweigert.

Die Fabrikarbeiterschule der Waldorf Astoria Zigarettenfabrik begann also ihren Unterricht im September 1919 im umgebauten Restaurant am Stuttgarter Kanonenweg (heute Hausmannstraße) mit 256 Schülern in acht Klassen und mit zwölf Lehrern. Die Mehrzahl der Schüler waren tatsächlich ‹Proletarierkinder›, wie man damals sagte, und viele von ihnen waren als Folge des Krieges stark unterernährt. Der Schularzt, der von Anfang an zum Lehrerkollegium gehörte, hatte reichlich zu tun. Als einige Jahre später die Schule sich aus dem Zusammenhang der Zigarettenfabrik herauslöste, sorgte Molt dafür, dass die Fabrik auf jeden Fall die Schulgelder für ‹ihre› Kinder weiter bezahlte. Diese Herauslösung kann man als ersten Schritt der Verselbständigung der neuen Schulbewegung verstehen, denn schon kurz nach der ersten Gründung wurden in anderen Teilen Deutschlands ähnliche Schulen eröffnet, die man der Einfachheit halber auch Waldorfschulen nannte.

Der Impuls aber, einen grundsätzlich anderen Unterricht zu gestalten, der nicht von Staats wegen oder durch die Konfessionen bestimmt war, sondern von der «Zivilgesellschaft» selbst verantwortet war, internationalisierte sich schnell. Schon in den zwanziger Jahren des vorigen Jahrhunderts, also innerhalb einer Dekade nach der Gründung in Stuttgart, entstanden noch Schulen in Deutschland (Essen, Hamburg, Kassel), der Schweiz (Dornach, 1920), Holland (Haag, 1923), England (London, 1925), Norwegen (Oslo, 1926) und Amerika (New York, 1928).

Aber bald danach zeigte sich ein merkwürdig schauerliches Bild: während die Schulen in der Welt sich zu verbreiten begannen, wurden die Schulen in Deutschland nach und nach geschlossen, manche taten es freiwillig, manche wurden gezwungen: Der totalitäre nationalsozialistische Staat, der Deutschland zu werden begann, konnte den Waldorfgrundsatz, den werdenden Menschen zur Freiheit und Selbstbestimmung zu führen, nicht akzeptieren. (Als Folge der Ausbreitung der Gewaltherrschaft über Teile Europas mussten die in den besetzten Ländern inzwischen gegründeten

Waldorfschulen – wenn sie als solche von den Nazis identifiziert wurden – ebenfalls schließen.)

Für Deutschland bedeutete das, nach dem Ende des Zweiten Weltkrieges, auf den Trümmern des zerstörten Landes, die Waldorfschulen ganz neu zu gründen.

An dem hier Geschilderten kann deutlich werden, dass es in totalitär regierten Staaten keine freien Schulen geben kann. Denn ein Merkmal dieser Schulart ist: sie verträgt in keiner Form die Knechtung.

Wie würden die Waldorfschulen in Deutschland sich wohl entwickelt haben, wenn der Zweite Weltkrieg nicht gewesen wäre? Auf die Beantwortung dieser Frage müssen wir hier verzichten, sie soll aber gestellt werden.

Das weitere Wachstum der Schulbewegung direkt nach dem Zweiten Weltkrieg hielt sich zunächst in Grenzen, sowohl in Deutschland, Europa als auch in anderen Erdteilen. In der zweiten Hälfte der sechziger Jahre aber setzte ein weltweiter Schub ein. In Europa begegnete der Wiederaufbau dem Wirtschaftswunder, aber auch der Kritik der Jugend, die nicht nur Wohlstand und materielle Werte suchte, sondern ‹mehr vom Leben wollte› als gesicherte Karrieren. Dieser Schwung, diese Aufbruchstimmung führte zur Gründung vieler Waldorfschulen und -kindergärten innerhalb Deutschlands und Westeuropas.

Ein solcher Schub wiederholte sich zwanzig Jahre später noch einmal, als in der damaligen Sowjetunion durch Perestroika und Glasnost schon verschüttete Hoffnungen auf ein nicht polarisiertes Europa wieder freigelegt wurden. Diese Hoffnungsstimmungen begrenzten sich jetzt nicht mehr nur auf die Jugend, sondern teilten sich jedem bewusst lebenden Bürger mit. Als dann tatsächlich der Eiserne Vorhang fiel und die totalitär regierten Staaten kollabierten, erwachte Enthusiasmus: neue Lebenshaltungen wurden denkbar und ihre Realisierung möglich! Da die vorgeschriebenen Ideologien von den Staatsschulen eingeübt waren, richtete sich der Drang nach Veränderung auf Erziehung und Bildung. Man setzte große Hoffnungen auf ein neues Schulwesen. So entstanden nun viele Waldorfschulen, die einstmals ‹hinter dem Eisernen Vorhang› gelegen waren. Eltern wollten und wollen eine Erziehung, die sich am Kind orientiert, ein dynamisches Entwicklungsmodell als Schule. Der Maßstab: das sich entwickelnde Kind, nicht nur die Leistung. Dieses Streben ist heute weltweit wahrnehmbar, nur haben sich die Vorzeichen modifiziert. War es früher der totalitär regierte Staat, der die eingeforderten Ideologien durch Erziehung in die Lebensentwürfe der Bürger einspeiste, so geschieht dasselbe heute auch in den demokratisch regierten Staaten. Ihr Bildungsverständnis ist mittlerweile rein ergebnisorientiert, rational organisiert und im darwinistischen Sinne selektiv. Die wesentlichen Mittel bei der Umsetzung dieser Ziele sind Druck und Leistungskontrolle. Die Qualitätssicherung ergibt sich aus engmaschigen Testverfahren, wobei der Schüler als Produzent seiner Leistung gebraucht wird. Dadurch entsteht eine Umkehrung: Der Selbstzweck der Schule ist nicht länger der Schüler, sondern der Schüler bedient die Sicherung des Profils der Schule. Die Aufgabe der Lehrer reduziert sich auf Begleitung und Anleitung der Produktivität der Schüler. Diese Charakterisierung

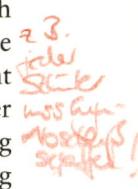

halte ich heute weltweit in der vom Staat verantworteten Bildung für gültig.

Unser Demokratieverständnis hat versäumt, das Bildungswesen der Zivilgesellschaft zu überlassen. Die Aufgabe des Staates ist es, Bildung für *jeden* zugänglich zu machen. Ist das gewährleistet, muss Art und Weise der Bildung der Zivilgesellschaft, das heißt dem Willen der Eltern, überlassen werden. Sie sollen über das Was und das Wie der Erziehung entscheiden.

Diese mehr äußeren Motive begründeten die Ausbreitung der Waldorfschulen, die auf das Unbehagen vieler Eltern über einen vorgeformten und -gefärbten Lebensentwurf reagieren. Haben diese selber eine solche Formung erleben müssen, dann möchten sie eine solche wenigstens ihren Kindern ersparen. Dies gilt für Waldorfschul- und Waldorfkindergartengründungen in allen Erdteilen. Die Motivlage trifft heute aber vermehrt auf dem sogenannten ‹alten Kontinent› zu: Immer mehr Menschen möchten neben der leistungsorientierten Bildungsvermittlung ein sich am Kind orientierendes Entwicklungsmodell für die Erziehung in der Schule.

So kommt es, dass es Anfang Januar 2014 weltweit um die 1200 Waldorfschulen und 1600 selbständige Waldorfkindergärten gibt.

Zur Entstehungsgeschichte und Verbreitung
der Waldorfschulen siehe auch:

1. Murphy, Sophia Christina (2012) The multifaceted Life of Emil Molt. Dublin

2. Molt, Emil (1936/1972) Entwurf meiner Lebensbeschreibung. Freies Geistesleben; Stuttgart
3. Esterl, Dietrich (2012) Emil Molt: 1876–1936. Tun was gefordert ist. Mayer; Stuttgart
4. Gabert, Erich (1975) Einleitungen zu den Konferenzen Rudolf Steiners mit den Lehrern der Waldorfschule in Stuttgart, 1919–1925. Gesamtausgabe/GA 300a
5. Göbel, Nana und Heuser, Silke (2001) Waldorfpädagogik Weltweit. Freunde der Erziehungskunst e.V.; Berlin
6. Werner, Uwe (1999) Anthroposophie in der Zeit des Nationalsozialismus (1933–1945). Verlag Oldenbourg; München

Eine erste Begegnung
mit der Waldorfschule im Vogelflug

Die Schulhäuser

Sicher: in Deutschland erkennt man Waldorfschulen an ihren Gebäuden. Sie haben oft eigenwillige Formen, die bis in die achtziger Jahre der organischen Architektur zuzuordnen waren: große, überbordende Dächer wie von riesigen Pilzen mit gewaltigen Dachflächen, viele schräge Wände und Fensterfassaden mit abgewinkelten Fenstern. Im Zentrum dieser Schulen findet sich ein großer Saal, Aula oder auch Festsaal genannt. Hier versammelt sich die Schulgemeinde zu Jahresfesten, zu Konzerten oder Theateraufführungen der verschiedenen Klassenstufen und an vielen Schulen immer noch zu den Aufführungen der Weihnachtsspiele. Diese waren ursprünglich gedacht als ein Weihnachtsgeschenk der Lehrer an die Schüler und ihre Eltern.

Hat die Schule eine gewisse Größe, finden sich auch Musiksäle, Turnhallen und Eurythmie-Räume, man streift durch Holz- und Metallwerkstätten, an Zeichen- und Malräumen vorbei, kurz: der Raumbedarf einer Waldorfschule ist nicht gering. Meist ist separat auf dem Campus der Kindergarten untergebracht; er ist aber integrierter Bestandteil der Schulgemeinschaft. Erstens, weil die Kinder der verschiedenen Altersstufen zusammen aufwachsen und sich deshalb gegenseitig auch wahrnehmen sollen, zweitens, weil es zu den sozialen Grundsätzen der Waldorfschule gehört, dass jeder, der in einer solchen Gemeinschaft arbeitet – ob in der Oberstufe, in der Grundschule oder im Kindergarten –, als gleichwertig angesehen wird. Das heißt: eine Kindergärtnerin oder eine Hortnerin sind in ihrer Funktion genau so wichtig wie ein Oberstufenlehrer auf seinem Gebiet. (Es gab Zeiten, da wurden die Gehälter nach Lebenslage und Bedürfnissen berechnet, nicht nach Ausbildungsgrad und Funktion. Es gibt auch heute noch Schulen, die für diese wichtige Sozialgestalt nach zeitgemäßen Formen suchen.)

Ansonsten fällt beim Spazieren über das Gelände auf, dass die Gebäude von außen wie von innen farbig gestaltet sind: Fachräume mit fröhlichen, aufgeweckten Farben, der Festsaal in einem schön gehaltenen Ton und die Klassenzimmer alle in einer jeweils eigenen Farbe. Und vor den Fenstern des Kindergartens hängen rosa Vorhänge! Die Gänge sind geschmückt mit Malereien und Zeichnungen der Schüler, in der Eingangshalle empfängt eine Plastik von einem Schüler der Oberstufe oder von einem Kunstlehrer die Eintretenden, kurz: das ganze Ensemble macht einen kunstvoll gestalteten Eindruck.

Ob einem das passt, ob man das nun unbedingt schön findet, ist nicht das, worum es geht. Das Anliegen ist, für die Kinder und Schüler eine künstlerisch-ästhetisch gestaltete Umgebung zu schaffen, in der sie gerne verweilen. Denn es ist bekannt, dass gerade die Sinneseindrücke wie Form und Farbe auf das Unbewusste wirken. Das unbewusst Erfahrene steigt an den Grenzen des Bewusstseins wieder auf als eine Grundstimmung der Seele, eine Stimmung des Sich-zu-Hause-Fühlens oder des Gerne-Hineintretens, aber auch – je nach Form und Farbe – der Entfremdung oder Ängstlichkeit, sogar des Widerwillens. Diese Grundstimmungen werden Teil des Gedächtnisbestandes und färben den Erinnerungsschatz an die Schulzeit ein.

Das Schulhaus ist für Jahre ein zweites Zuhause, in dem Vieles erlebt und viel Zeit verbracht wird. Und schließlich muss ja eine Schule nicht unbedingt wie eine Kaserne oder ein Kraftwerk aussehen. (Auch wenn einige Waldorfschulen in Deutschland kasernenartige Bauten auf das Glücklichste zu farbenfrohen, einladenden Schulbauten umgestaltet haben.)

Zu den unbewussten Wirkungen von Form und Farbe siehe auch:

1. Rittelmeyer, Christian (2013) Einführung in die Gestaltung von Schulbauten: Resultate der internationalen Schulbauforschung; neue Entwicklungen im Schulbau; Verständigungsprobleme zwischen Planern und Nutzern; ein Lehr- und Schulungsbuch. Verlag Farbe und Gesundheit; Frammersbach 2013
2. Rittelmeyer, Christian (1994) Schulbauten positiv gestalten. Wie Schüler Farben und Formen erleben. Bauverlag GmbH; Wiesbaden 1994

Die Schüler

Kann man Waldorfschüler als solche erkennen? Im Winter trugen die Dritt- und Viertklässler früher bunte, selbstgestrickte Mützen, heute ist das eher ‹uncool›. Aber die Freimütigkeit ist geblieben und auch die Fröhlichkeit, womit die Unterstufenschüler nach dem Unterricht die Schule verlassen. Oft sieht man Schüler mit Instrumenten zur Schule gehen, Geigen, Celli, Hörner, Trompeten, hier und da hängt ein Fagott am Rücken dieses und jenes Schülers. Und manchmal stehen die Gänge voll mit Instrumenten: Tag der Orchesterprobe. Bei den Oberstufenschülern, wenn sie am Nachmittag die Schule verlassen, vermisst der Betrachter manchmal den geformten Ernst. An seine Stelle tritt eine fast ungebändigte Ausgelassenheit. Eines stellt man schnell fest: sie sind offen und redegewandt. Ansonsten sind die Oberstufenschüler in ihrer Aufmachung eher einen Tick zu nonchalant, wenn nicht gar schlampig. Leider pflegen sie – wie alle Altersgenossen – die elektronische Verkabelung bis zum Exzess, auch wenn es Waldorfschüler waren, die im Physikunterricht einen elektronischen Melder entwickelten, der die Anwesenheit eines eingeschalteten Handys im Klassenraum anzeigte.

Wer aber jemals einen vollen Oberstufenchor einer Waldorfschule hat singen hören und – vor allem – hat singen sehen, der kann eine unmittelbare, erschütternde Erfahrung haben: Da stehen unversehrte, wunderbare junge Menschen, so wie sie sind und sein wollen. Das andere ist Blendwerk.

Eine wissenschaftliche Untersuchung zu Lebensläufen
ehemaliger Waldorfschüler:

1. Randoll, Dirk; Barz, Heiner (Hg.) (2007) Absolventen von Waldorfschulen. Eine empirische Studie zur Bildung und Lebensgestaltung. VS Verlag für Sozialwissenschaft; Mainz
2. Mitchell, David; Gerwin, Douglas (2007) Survey of Waldorf Graduates – Phase II. Sacramento
3. Dahlin, Bo (2007) The Waldorf School – Cultivating Humanity? A report from an evaluation of Waldorf Schools in Sweden. Karlstad

Die Lehrer

Gibt es den typischen, den ‹echten› Waldorflehrer?

Früher gab es darüber viele Witze. Der echte Waldorflehrer sei grundsätzlich überarbeitet und nicht ansprechbar, denn überfordert; ein fröhlicher Lehrer eher verdächtig (arbeitet er wohl genug?).

Eines ist gewiss: Oberstufenschüler wissen mit präziser Trennschärfe, wer unter den Kollegen an ihrer Schule ein Waldorflehrer ist und wer nicht. Sie erfahren es täglich. ‹Der oder die kennt nicht nur ihr Fach, sondern auch uns. Sie oder er ist originell, flexibel, aber zugleich auch beharrlich in dem, was er erreichen will mit uns und: ein Waldorflehrer hat keine Lieblinge! Den Besten in der Klasse treten sie mit demselben Respekt entgegen wie den Schülern, die richtig Mühe haben. Ihr Unterricht ist individuell, fesselnd, interessant und sie haben etwas zu sagen. Aber sie kümmern sich auch um nichtschulische Angelegenheiten, die uns plagen. Sie sind Menschenfreunde, haben eine Tiefe, die sie selten zeigen, die man aber spürt. Viele von ihnen verkörperten für uns ein erstrebenswertes Ideal, auch wenn wir ihre Begrenzungen und Einseitigkeiten kennen.› So die zusammengefasste Stimmung vieler Ehemaliger.

Für die Grundstufe ist das Bild ein anderes. Zunächst, weil die Ehemaligen ihre Erfahrungen bereits aus größerer Distanz beurteilen können, aber auch, weil die Situationen so verschieden sind. Fest steht, dass bei den Ehemaligen nicht irgendeine Kompetenz des Lehrers in der Erinnerung bleibt, sondern vielmehr seine Liebefähigkeit den Schülern gegenüber.

«Haben wir uns geborgen gefühlt, waren wir gerne mit ihm oder ihr über so viele Jahre zusammen? Wie malte er an die Tafel, wie schrieb sie, wie rechnete er mit uns, wie erzählte sie Geschichten? Konnten wir uns ihnen anvertrauen, fühlten wir uns von ihnen verstanden? Und als wir größer wurden, wurde er oder sie dann auch ‹größer›? Wuchsen sie mit uns mit oder blieben sie irgendwo stecken und redeten uns im fünften Schuljahr noch in der Tonlage des dritten Schuljahres an? Waren sie großherzig und konnten sie mit den verschiedenen Temperamenten und Charakteren umgehen? Und als wir dann erwachsener wurden, im siebten und achten Schuljahr, konnten sie dann unsere Lern- und Wissbegierde richtig satt befriedigen? Oder wurde ‹die Luft dünn›? Waren sie Künstler in der Gestaltung des Unterrichtes? Oder hat sich Vieles wiederholt, so dass wir uns oft langweilten?»

Entgegen der landläufigen Meinung werden die Aufgaben der Kindergärtnerinnen und Kindergärtner heute wichtiger. Durch die Entwicklung Ende des 20. und dann verstärkt im 21. Jahrhundert werden die beobachtbaren allgemeinen Entwicklungsgesetzmäßigkeiten an den Kindern diffuser. Das bedeutet unter anderem, dass der klassischen Schulreife mit sechs, sieben Jahren ein längerer Prozess der Eingewöhnung vorausgeht. Frühkindliche Formung, die zur Lernbereitschaft führt, hat heute andere, kompliziertere Voraussetzungen als noch vor 25 Jahren. Aber von einer gelungenen Kindergartenzeit hängt auch heute noch viel ab. Tatsächlich sind die Kindergärtnerinnen und Kindergärtner diejenigen, die es meistern müssen, den Kleinen die alltäglichen Lebensverrichtungen so gesund zu vermitteln, dass sie in das lernbestimmte Leben der Schule eintreten können. Die Waldorfschule ist aus diesem Grund darauf ausgerichtet, mit den Kindergärtnerinnen und Kindergärtnern intensiv zusammenzuarbeiten.

Die hier gezeichneten Bilder entsprechen dem Ideal. Dieses Ideal soll dargestellt werden, damit der geneigte Leser sich eine Grundlage zur Urteilsbildung erwerben kann. Dieses Ideal beruht auf allgemein menschlichen Fähigkeiten angewandt in der Pädagogik. Es wird noch darauf zurückgekommen werden. Die Bilder müssten noch ergänzt werden durch Charakterisierung der vielen verschiedenen Fachlehrkräfte – die Musiklehrer,

Fremdsprachenlehrer, Turn- und Sportlehrer, Gartenbaulehrer, Eurythmielehrer, Werk- und Handarbeitslehrer, IT-Lehrer, den Schmied – kurz: sie alle sind nicht nur in Worten den oben geschilderten Idealen verpflichtet. Dazu kommt das Oberstufenkollegium bestehend aus Lehrern für Mathematik, Physik, Chemie, Biologie, Geographie, Geschichte, Kunstgeschichte, Sprache und Literatur und, nicht zu vergessen, den Theaterpädagogen. Die Schule ist ja ein ganzer Kosmos von verschiedensten Zugängen und Wegen zur Welt.

Setzen wir die Idealschilderung fort, dann darf nicht vergessen werden, dass die Lehrer von einem geistigen Band zusammengehalten werden, das in den wöchentlichen Konferenzen geflochten wird, wo man sich in kollegialem Zusammensein um das Entwicklungsmodell der Schule kümmert. Dort werden die Nöte und Fragen der Kinder und Schüler besprochen und zu verstehen gelernt, und man wird im Kollegium alles tun, um eine gesunde und intellektuell redliche Entwicklung jedes Schülers zu fördern. In den Konferenzen wird somit versucht, diesen Schulkosmos gemeinsam so zu gestalten, dass man voneinander weiß, sich gegenseitig wertschätzt und Interesse aufbringt für Sein und Leistung des andern.

Lessing schuf in seinen «Briefe(n) über die Erziehung des Menschengeschlechtes» drei markante Bilder für das Verständnis von Bildung. Das erste Bild ist ein hierarchisches: Oben steht das Gesetz, dann – weiter unten – stehen die Propheten und unten leben die Menschen. Handelt der Mensch nun gesetzeskonform, ist er Gott wohlgefällig. Im zweiten Bild steigt das Gesetz herab und wird Mensch. Jetzt leben die Menschen in der Nachahmung, in der Imitatio Christi (Thomas a Kempis). Im dritten Bild inkorporiert das Gesetz sich in die einzelne Individualität hinein. Die Menschen werden selbstverantwortlich, autonom (Auto-nomos = sich selbst das Gesetz gebend).

Alle diese drei Stufen der Bildung gibt es noch heute. Gibt es aber möglicherweise für die Gegenwart eine vierte Stufe? Kann es sein, dass das Gesetz jetzt nicht mehr (nur) in jedem Einzelnen lebt, sondern dass die nächste Entwicklungsstufe die eines neuen Dazwischen ist, eines Zusammenwirkens von vielen, damit ein großes Werk gelingen kann – so wie Goethe darauf hinweist in seinem Märchen von der grünen Schlange und der schönen Lilie?

Ist das der geheime Sinn davon, dass Steiner bei der Konzeption der Waldorfschule ganz zentral das Zusammenwirken und Zusammenarbeiten der Lehrer anstrebte? Diese Zusammenarbeit sollte von den Konferenzen ausstrahlen, die er mit den Lehrern der ersten Stunde eisern einübte, und darin begründet sich auch die Entscheidung, die pädagogische Ausrichtung und Verantwortung der Schule nicht einem Rektor oder Direktorium zu überlassen.

Heute müssen viele Institutionen, auch Waldorfschulen, sich nach einer gewissen Zeitspanne der Existenz wie neu erfinden, und eine Neukonzeption der zur Schule passenden Sozialgestalt ist nicht leicht. Viele Schulen haben Schwierigkeiten, die geschilderte Sozialgestalt der Zusammenarbeit zeitgemäß zu verwirklichen.

Zur weiteren Information:

1. Lessing, Gotthold Ephraim (1958) Die Erziehung des Menschengeschlechts. Freies Geistesleben; Stuttgart
2. Goethe, Johann Wolfgang von (1775–2006) Das Märchen von der grünen Schlange und der schönen Lilie. Verlag Freies Geistesleben; Stuttgart. Daraus die Stelle: (Der Mann mit der Lampe) ‹Ob ich helfen kann, weiß ich nicht, ein einzelner hilft nicht, sondern wer sich mit vielen zur rechten Stunde vereinigt.›
3. Randoll, Dirk (2013) Ich bin Waldorflehrer: Einstellungen, Erfahrungen, Diskussionspunkte. Eine Befragungsstudie. Springer VS; Wiesbaden
4. Schieren, Jost (2008) Was ist und wie entsteht Unterrichtsqualität an der Waldorfschule? Verlag Kopaed; München

Eine zweite Begegnung mit der Waldorfschule

Der Alltag

Wie an allen Schulen strömen am Morgen die Schüler aus vielen Richtungen zur Schule. Da die Waldorfschule manchmal einen regionalen Charakter hat, fahren Schulbusse vor und es werden Kinder mit Autos gebracht; viele ältere Schüler kommen ohne Begleitung der Eltern. Die Schüler schwärmen aus zum Kindergarten, in die Unterstufe und zur Oberstufe. Es ist eine ungeschriebene Regel, dass die Lehrer die Schüler mit Handschlag an der Tür des Klassenzimmers empfangen: eine erste morgendliche Begrüßung.

Im Kindergarten

Kindergartenkinder beginnen ihr Spiel, bis die Kindergärtnerin die Kleinen im Kreis versammelt und mit der von ihr vorbereiteten Aktivität beginnt. Solche Aktivitäten können ganz verschieden sein, z. B. eine Kletterburg bauen, etwas zum Advent basteln, einen Spaziergang machen oder längere Spielzeiten draußen oder drinnen verbringen. Sie wird sich dabei aber auf jeden Fall bemühen, einen ‹atmenden› Tagesablauf zu realisieren: geführtes neben frei selbständigem Tun, Spiel neben ‹Arbeit› (Malen, Tischdecken, Abräumen, Abwaschen) – alles, was Nachahmung und sinnvolles Handeln initiiert, ist möglich und willkommen. Und natürlich gibt es auch ein Märchen.

Die Spielsachen bestehen mehrheitlich aus natürlichen Materialien, und zwar nicht aus falsch verstandener Romantik oder einer ‹Retro-Kultur›, sondern ganz einfach, um möglichst vielfältige Sinneseindrücke zu vermitteln. Eine Muschel fühlt sich anders an als ein Stein und dieser anders als ein Tannenzapfen oder ein Plastikball. Sinnespflege in einer sinnesarmen Kultur wird großgeschrieben. Dem Tast-, Bewegungs- und Lebenssinn (Wohlfühlen, Sich-unwohl-Fühlen, Hunger empfinden, der Drang, sich draußen aufhalten zu wollen), also den sogenannten unteren Sinnen, die grundlegend sind für ein sicheres Ergreifen der Leiblichkeit, dem Sich-heimisch-Fühlen in sich selbst, wird sehr viel Aufmerksamkeit gewidmet. Es ist ein herrliches Leben im Kindergarten, unbeschwert und in einer Gemeinsamkeit, die von den Kindern noch gar nicht als solche erlebt wird: alles ist so neu, so diesseitig im Hier und Jetzt.

Die großen Lehrmeister dieses Alters sind Nachahmung und Spiel. Die Nachahmung prägt die (sinnerfüllten) Bewegungsabläufe, das Spielen die Begegnung mit der Welt. Auf jegliches organisiertes Lernen wird vollkommen zugunsten dieser basalen Einübungen verzichtet. Wegen der Verstädterung unserer Kultur gibt es auch Kindergärtnerinnen, die in Absprache mit den Eltern einen ganzen Tag der Woche im Park oder Wald

zubringen. An vielen Schulen können heute die Kleinen auf Wunsch auch über Mittag bleiben. Nach dem Mittagessen machen die Kinder einen Mittagsschlaf und danach spielen sie drinnen oder draußen – immer unter Aufsicht –, bis sie abgeholt werden.

In der Unterstufe

Die Kinder, die am Morgen zur Unterstufe streben, kommen in ihren Klassenzimmern an, begrüßt von Klassenlehrer oder -lehrerin, sie packen ihre Ranzen aus, und nach einem Lied, nach ein wenig Erzählen, einem im Chor gesprochenen Gedicht oder einer sonstigen Einstimmung (dem Klatschen eines Rhythmus, einigen Kopfrechenübungen) beginnt der Arbeitstag mit dem sogenannten Morgenspruch. Dieser ist ein Segensspruch, eine Bitte um Arbeitssegen, der nicht als Gebet verstanden sein will. Er soll die Fokussierung auf das, was nun kommt, unterstützen und anregen, nämlich das Lernen. Am Morgen begegnen wir einem besonderen Merkmal der Waldorfschule, dieser außergewöhnlichen Gestaltung des Unterrichts.

Der Epochenunterricht

Lange bevor das Wort Projektunterricht erfunden war, hatte Rudolf Steiner die Idee des Epochenunterrichtes, was bedeutet, dass die ersten beiden Stunden des Tages (an manchen Schulen nur 100 Minuten) während drei bis vier Wochen demselben Unterrichtsgegenstand gewidmet sind.

Danach gibt es eine kleine Vesperpause und die Fachstunden schließen sich an. Nach der Mittagspause werden wieder Fachstunden angeboten, wenn möglich mehr künstlerisch-handwerkliche Tätigkeiten, die dann auch in Doppelstunden gegeben werden können. Die Fachstunden am Vormittag dienen dem, was durch Üben erlernt werden will: Fremdsprachen, Übungsstunden, Eurythmie, und der Nachmittagsunterricht sollte – wie bereits erwähnt – die künstlerischen Fächer beinhalten, also Handarbeit, (später) Werkunterricht, Singen, Musizieren. Bei älteren Schülern kommt am Nachmittag dann Sport und Gartenbau, Schreinern, Schmieden und Theaterspiel hinzu.

Die Idealgestalt ist somit am Morgen das aufnehmende Lernen (Epochenunterricht), danach das übende Lernen und am Nachmittag das Künstlerisch-Handwerkliche. Wenn das einigermaßen gelingt, sprechen wir von einem hygienischen Stundenplan.

Der Epochenunterricht ist also dem Morgen vorbehalten. Die etwas größere zeitliche Ausdehnung dieses Unterrichtes gibt Schülern und Lehrern die Möglichkeit, tiefer auf den Unterrichtsgegenstand einzugehen und ihn von verschiedenen Seiten zu beleuchten. In den ersten Schuljahren werden die Unterrichtsgegenstände dabei noch nicht scharf getrennt voneinander unterrichtet. Lesen, Schreiben und Rechnen lernen ist nicht allein auf Epochen beschränkt, denn man ist ja fortwährend damit beschäftigt. Aber ab dem dritten, vierten Schuljahr beginnt die echte «Epochenzeit» und sie verläuft

34

von da an bis zum Ende der Schulzeit. Sie umfasst nach
Lesen, Schreiben und Rechnen dann auch Geographie,
Geschichte, Mathematik, Mineralogie, Chemie, Stern-
kunde, Geometrie, Physik, Biologie (Tierkunde, Pflanzenkunde, menschliche Biologie) und weiter in der
Oberstufe Literatur und Literaturgeschichte, Kunstgeschichte, Geometrie und Stereometrie, Embryologie,
Sozialkunde, Wirtschaftslehre und Computerkompe-
tenz. Dieser weite Fächerkanon drückt den Reichtum
der Kultur aus, in der wir leben. Nach der Auffassung
der Waldorfschulen ist das, neben dem klassischen
Fächerkanon ‹Deutsch, Mathe, Englisch›, der Bil-
dungsauftrag, Brennpunkt der umgebenden Kultur zu
sein.

Die Epoche ermöglicht es, Seitenwege eines Themas
ohne Hast zur Geltung zu bringen, und sie gibt Gele-
genheit, den Stoff von den Schülern im Unterricht bear-
beiten zu lassen. Ein ganz bedeutender Vorteil dieser
Unterrichtsform ist die Fortsetzung der gemeinsamen
Arbeit gleich am nächsten Morgen über eine längere
Zeitspanne hinweg. Es ist ja bekannt, dass am fol-
genden Morgen das Gelernte präsenter ist als am Tag
davor, als der Stoff zuerst eingeführt wurde. (Die Hirn-
forschung hat erwiesen, dass dieses «Verdauen» des
Gelernten, also das Verstehen und das Anwenden, im
deklarativen und im prozeduralen Gedächtnis, in der
Nacht stattfindet, die auf das wachend Gelernte folgt.)
Aus diesem sich über Tage und Nächte erstreckenden
Lernrhythmus ergibt sich die nachweisbare Effektivität
des Epochenunterrichts.

Das Gelernte wird von den Schülern in **Epochenhef-**

ten verarbeitet, die (ab einem gewissen Alter) in jeder Epoche angelegt werden und die wichtigsten Inhalte des Unterrichts in kopierten und selbstverfassten Texten und zudem sorgfältig und reich bebildert und illustriert darstellen. Das geschieht je nach Möglichkeit und Talent des Schülers. In unserer Zeit nicht endender Rationalisierung und Rationalität können manchmal Freude und Aufmerksamkeit für diesen Aspekt der Epoche abhandenkommen, und leider gelingt es nicht allen Lehrern, Freude am Gestalten eines solchen Heftes zu vermitteln. So kann es auch zu sehr kümmerlichen ‹Produkten› kommen. Es ist aber ebenso wahr, dass es viele Ehemalige gibt, die ihre Epochenhefte wie einen Schatz hüten.

Das hier Dargestellte wirft ein Licht auf die besonderen Unterrichtsmethoden der Waldorfschule, wobei man das Epochenheft wie eine umgekehrte Methode oder auch als Ursprungsgedanke der Portfolioidee sehen kann: Die Schüler verfassen das zu Lernende selbst!

Ein weiterer Grundansatz der Waldorfpädagogik ist der, dass der Lehrer die Methode aus sich schafft. Will man wirklich von Waldorfschulpädagogik sprechen, muss man diesem hohen Anspruch gerecht werden. Das setzt voraus, dass die Lehrer sich so eigenständig und intensiv mit dem Unterrichtsgegenstand auseinandersetzen, dass sie es selbst sind, durch die der Stoff an die Schüler herangetragen wird und nicht durch irgendeinen Fremdkörper in Form einer Methode, die vom Unterrichtenden erklärt werden muss. Die Lehrer lassen sich durch ihr Fachgebiet inspirieren und sie gestalten, entscheiden, vermitteln, erklären und helfen aus eigener Einsicht. So geht Lehren und Lernen von Mensch zu Mensch.

Dem Vorwurf, Waldorfschulen pflegten nur den Frontalunterricht, muss entgegengehalten werden, dass die Erziehungskunst von Anfang an auf **Methodenvielfalt** angelegt war. Man kann aber auch einsehen, wie lange der Weg war, diese anspruchsvolle Methodenfreiheit nicht nur zu fordern, sondern zu beherrschen. Das ist auch einer der Gründe, warum im Laufe der Zeit eine methodische Verarmung aufgetreten ist, der heute energisch entgegengewirkt wird.

Zum Epochenunterricht:

1. Kamm, Helmut (Hg.) (2000) Epochenunterricht. Verlag Klinkhardt; Bad Heilbronn
2. Eller, Helmut (2007) Der Klassenlehrer an der Waldorfschule. Stuttgart
3. Koepke, Hermann (2013) Das zwölfte Lebensjahr. Dornach

Der Fachunterricht, die Fremdsprachen

Bereits vom ersten Schuljahr an werden zwei oder drei Mal in der Woche ein oder zwei Fremdsprachen in Fachstunden unterrichtet. Dass frühes Sprachenlernen heute zum Bildungskanon gehört, muss nicht erklärt werden. Zu Zeiten der ersten Waldorfschulgründung war es eine Sensation.

Die Möglichkeit, die Fremdsprachen ab dem ersten Schuljahr zu unterrichten, beruht darauf, dass die Kinder sie auf dieselbe Art wie ihre Muttersprache lernen, nämlich nicht über den Verstand, sondern über das Nachahmen. Daher wird der Fremdsprachenunterricht in den unteren Klassen ganz und gar aus dem Dialogischen, aus dem Miteinander-Sprechen entwickelt. Für die Lehrer ist das anstrengend, aber die einzige Möglichkeit, so früh Fremdsprachenfähigkeiten zu vermitteln. Der Fremdsprachenunterricht verlangt daher ein überdurchschnittliches didaktisches Können von den Lehrern. Sie müssen in einer kurzen Zeitspanne viel leisten und das in vielen verschiedenen Klassen. Der Erfolg wird gesteigert, wenn ein (geschickter) Lehrer dieselbe Gruppe über Jahre unterrichten kann, die Progression ist dann gewährleistet.

Zu den Fremdsprachen:

1. Baldszun, Siegmund; Denjean, Alain (Hg.) (2012) Lektüre in der Mittelstufe. Edition Waldorf; Päd. Forschungsstelle beim Bund der Freien Waldorfschulen, 2011

2. Jaffke, Christoph (1997) Fremdsprachen für alle Kinder. Ernst Klett Grundschulverlag; Leipzig 1997
3. Kiersch, Johannes (1992) Fremdsprachen in der Waldorfschule. Verlag Freies Geistesleben; Stuttgart

Handarbeit, Werkunterricht

Schon lange bevor die Neurowissenschaften erforscht hatten, dass es der Intelligenz zugutekommt, wenn Kinder und Schüler sich manuell geschickt betätigen lernen, hatten die Waldorfschulen ab dem ersten Schuljahr Handarbeit im Programm – und zwar für Jungen und Mädchen (was 1919 eine erstaunliche Tatsache war). Man muss gesehen haben, wie Erstklässler stricken lernen, die Zunge aus dem Mund, gewaltige Anstrengung und dann … sie können es! Dann wird mit der neuen Fähigkeit gespielt, es werden Mützen gestrickt in bunten Farben, Flötensäcke, Topflappen. Das sind herrliche Stunden.

Gerade im Handarbeitsunterricht, wenn die Finger ihre Arbeit schon von alleine machen, werden die Kleinen redselig und erzählen alles, was ihnen in den Sinn kommt, frei von der Leber weg. Wer etwas von einem Kind wissen will, ist gut beraten, bei der Handarbeitslehrerin vorbeizuschauen.

Ab dem fünften Schuljahr kommt der Werkunterricht hinzu. Es wird mit Holz gearbeitet, runde und hohle Formen werden im Schnitzen erprobt, und zur manuellen Fertigkeit gesellt sich jetzt die Anwendung von Kraft auf zwei Arten: Muskelkraft und Gestaltungskraft.

In der Mittelstufe erfahren diese Fächer dann bedeutende Erweiterungen. In der Handarbeit lernen die Schüler selbstentworfene Kleider an der Nähmaschine herzustellen, im Werkunterricht geht es u. a. zum Korbflechten und Schreinern, was später (in der Oberstufe) um Schmieden, Kupfertreiben und Metallarbeiten (Schlossern) erweitert werden kann. Aber man kann an Waldorfschulen auch Silberschmied-Werkstätten und Computerlabore finden. Kurz, das Angebot ist groß, und meistens ist das eigentliche Problem die Frage, wie die Schulen das alles im Stundenplan unterbringen, ohne die Balance zwischen kognitiver und praktischer Schulung zu stören.

Zum Handarbeits-, Werkunterricht:

1. Martin, Michael (Hg.) (1991) Der künstlerisch-handwerkliche Unterricht an der Waldorfschule. Verlag Freies Geistesleben; Stuttgart

Eurythmie

Eurythmie ist ein Bewegungsfach, das in den unteren Klassen einmal in der Woche, ab dem fünften Schuljahr zweimal in der Woche gegeben wird. An manchen Oberstufen gibt es Eurythmie-Projektwochen und Eurythmie-Abschlüsse. Man sieht auch Klassenspiele, die zusammen mit Eurythmie zustande kommen; wenn zum Beispiel eine Fahrt über das Meer dargestellt werden muss, geht das sehr schön mit Eurythmie zusammen. Die von Steiner konzipierte Bewegungskunst macht Worte und Töne sichtbar: sichtbare Musik, sichtbare Dichtkunst. Als Fach hat sie integrierende Wirkung, denn sie bewirkt auf künstlerische Weise, dass die «oberen» Fakultäten des Menschen (Denken, Empfinden, Fühlen) sich in die «unteren» (Handeln, Wille, Gestalten mit dem eigenen Körper) integrieren. Eurythmische Darstellungen von Jugendlichen können einen tiefen Eindruck hinterlassen.

Gymnastik, Sport

Auch in der Gymnastik will die Waldorfschule eigene Wege gehen, insbesondere durch die Bothmergymnastik. So nennt man die von dem ersten Turnlehrer Fritz Graf von Bothmer (21. 12. 1883 – 13. 11. 1941) – wiederum im Auftrag von Steiner – entwickelten Bewegungsabläufe, die einen anderen Kraftausdruck haben als das übliche Turnen, das ebenso vertreten ist wie Sport, je nachdem, wie sich die vorhandenen Raumesmöglichkeiten gestalten.

In vielen Ländern begegnen sich überregional einmal im Jahr die Fünftklässler der Waldorfschulen, um ihre eigenen Olympischen Spiele miteinander auszutragen. Das dient nicht nur unbedingt dazu, Schnellster und Stärkster zu werden, sondern auch diejenigen zu ehren, die den Wettkampf besonders schön und elegant bestritten haben.

Musik gehört zum Leben. Ob man musikalisch ist oder nicht, Musik ist ein wichtiges Ausdrucksmittel der Seele, eine wichtige Orientierung im und am Leben. Das wusste schon Shakespeare, wenn er im «Kaufmann von Venedig» sagt: ‹Der Mann, der nicht Musik hat in ihm selbst, /Den nicht die Eintracht süßer Töne rührt, taugt zu Verrat, zu Räuberei und Tücke.›

Ab dem ersten Schuljahr werden in den Waldorf-schulen die gesanglichen Fähigkeiten zart ausgebildet, sei es durch den fähigen Klassenlehrer, sei es durch einen Musiklehrer. Wenn möglich, sollen alle Kinder wenigstens in den Anfängen mit einem Musikinstrument vertraut werden, so dass Instrumentalmusik praktiziert werden kann. Später kann dann der Schüler entscheiden, ob er mit einem Instrument weitermachen will oder nicht. Der Gesangsunterricht bleibt aber bis ans Ende der Schulzeit erhalten.

Eine Oberstufe ist wohlberaten, wenn sie dem Musiklehrer die Möglichkeit gibt, einen Oberstufen-chor zu bilden, denn: Musik ist eine soziale Kunst. Man musiziert ja immer für jemanden, der zuhört. Außerdem kann ein gemischter Oberstufenchor ein Ort sein, an dem man zusammen mit anderen künst-lerisch-sozial in der Vorbereitung eines Konzerts tätig ist. Wer noch so tief in der Krise der Pubertät stecken mag: ein Chorkonzert zur Weihnachtszeit, bei dem man selbst mitsingt, geht an keinem Gemüt spurlos vorbei. Solche Erfahrungen bilden die goldenen Erinnerungs-schätze der Schulzeit. Ähnliches gilt für Orchesterarbeit in Unter- und Oberstufe oder einen Bläserchor (Brass-band) in der Mittelstufe.

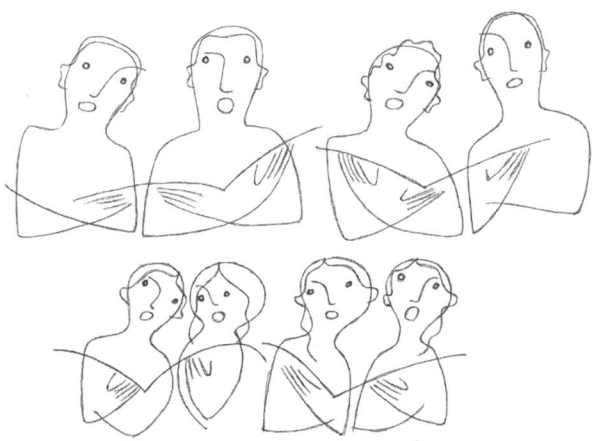

Zum Musikunterricht:

1. Göbel, Thomas (1999) Eurythmie als erlebte, gestal-tete und wirksame Gebärde. Freies Geistesleben; Stuttgart
2. Barth, Sylvia (1998) Eurythmie als menschenbilden-de Kraft. Erfahrungen aus der pädagogischen Praxis. Verlag Freies Geistesleben; Stuttgart
3. Gläser, Florian (2005) Sport als Unterrichtsfach an der Waldorfschule: Im Mittelpunkt der Mensch. Ver-lag Shaker; Aachen
4. Bothmer, Alheidis Gräfin von (2004) Die Bothmer-

gymnastik: Pädagogische und therapeutische Anwendungsmöglichkeiten. Schattauer Verlag; Stuttgart 2004

5. Ronner, Stephan (2000) Warum Musikunterricht? Eine Einführung. Verlag Freies Geistesleben; Stuttgart

6. Ronner, Stephan (2007) Wechselgesänge, Lieder, Kanons, Chöre für alle Klassenstufen, mit Arbeitshinweisen. Edition Zwischentöne; Zürich

In der Oberstufe – eine Impression

Auch die Oberstufenschüler gehen am Morgen, wenn sie in der Schule eintreffen, zu ihren Klassenzimmern und werden dort von ihren Fachlehrern mit einem Händedruck empfangen – wie in der Unterstufe. Und doch, die Stimmung, die ganze Art ist nun anders geworden. Der Lehrer oder die Lehrerin ist eine Fachkraft, die eine Epoche gibt, und nach ihr kommt ein anderer. Die Schüler haben jetzt – ohne Klassenlehrer – nur noch untereinander und durch ihren Klassenmentor einen Zusammenhalt, aber der muss im neunten Schuljahr erst einmal entwickelt werden. Daher kann das neunte Schuljahr etwas Tumultuarisches haben. Aber die Oberstufenkollegen wissen mit Schlagfertigkeit und Humor die manchmal abenteuerlich gekleideten Schüler und Schülerinnen mit sachter Hand zu bändigen.

Grundsätzlich sollte der gesamte Unterricht von allen Schülern mitgemacht werden, ob es nun Mathematik, Physik oder Chemie betrifft. Der oben bereits vorgestellte Fächerkanon gilt deswegen für alle, da er Teil eines Entwicklungs-Lehrplanes ist. Um das zu verdeutlichen, ein einfaches Beispiel: Wenn ich im sechsten Schuljahr eine Revolution in der Geschichte darstellen soll, vielleicht die französische, russische oder die deutsche, haben die Kinder noch nicht die psychische Reife, das Thema zu erfassen. Also können nur die Fakten gelernt werden. Ein Sechstklässler aber findet dagegen z. B. die Entstehung des Römischen Reiches und dessen Kultur richtig spannend. Beim Neuntklässler trifft es zu, dass seine psychische Verfasstheit etwas wie eine Revolution, dargestellt im Geschichtsunterricht, sofort versteht. Für solche Themen ist er zu sensibilisieren. Dieses als Beispiel, wie der Lehrplan im Allgemeinen den großen Schritten der Entwicklungsphasen folgt.

Selektion und Differenzierung von Fähigkeiten werden an Waldorfschulen so lange es geht hinausgeschoben, denn die Vorbereitung auf Abschlüsse wird als ein willkommenes Nebenziel der Schulzeit, nicht als deren Hauptanliegen bewertet. Dieses ist das Durchleben und Lernen des Lehrplanes; an ihm entwickeln die Schüler sich. Er bietet neben dem Lernstoff vor allem auch den notwendigen Erlebnisstoff, und wenn die Schüler diesen aufnehmen, schaffen sie auch die Abschlüsse. Daraus wird ein Spannungsfeld deutlich, das zwischen Erwartungen von Eltern, Gesellschaft und Schülern und den Gewichtungen der Waldorfpädagogik liegt. Die Waldorfschule kann sich aber aufgrund ihrer Identität **nicht nur** als eine Einrichtung zur Vorbereitung auf Abschlüsse verstehen, die zwar heute noch notwendig sind, aber mit Lernen und Bildung nur entfernt zu tun haben.

Nach dem Hauptunterricht gehen auch die Oberstufen-schüler in die Fachstunden, wobei diese in den höheren Schulstufen weiterführende Themen als Vorbereitung auf einen Abschluss umfassen.

Im naturwissenschaftlichen Unterricht versuchen die Lehrer die Erfordernisse des Abiturs in Einklang zu bringen mit erweiterten naturwissenschaftlichen Betrachtungen; ein wahrer Spagat! Es ist ihre Über-zeugung, dass namentlich auch andere wissenschaft-liche Paradigmen gekannt werden sollten. Nicht nur die allgegenwärtige positivistisch-reduktionistische Sichtweise. So bietet die Phänomenologie bedeutenden Unterrichtsstoff und es wird neben der Newton'schen Farbenlehre auch die Goethe'sche dargestellt. Die moderne Physik wird vermittelt, aber auch hinterfragt. So werden in den Schülern existentielle Fragen geweckt: Wie sehe ich die Welt, was ist sie?

Wer sich diesen Fragen stellt, stellt sich auch die Frage ‹was ist der Mensch?› ‹Was und wer bin ich?› Es ist für Schüler und Schülerinnen im Adoleszenzalter ein Glücksfall, wenn die Humanbiologie sich nicht nur auf den biologischen Menschen richtet, sondern den Hori-zont durch anthropologische Fragestellungen mächtig erweitert.

So wie die Chemie in diesen Jahren die organischen und anorganischen Grundlagen der Welt sichtbar und begreiflich macht, so die Biologie und Anthropologie Sein und Wesen des Menschen.

Der Geschichtsunterricht erfährt eine Erweiterung der traditionellen Vorgehensweisen durch die von Steiner empfohlene «symptomatologische Betrachtungsweise», welche nicht nur dargestellt, sondern auch eingeübt wird. Wie lernt man ein Phänomen so ‹lesen›, dass es als symptomatisch für eine ganze Entwicklung verstanden werden kann? Es sind große, ja gewaltige Gesichtspunkte, die in diesem Unterricht zum Vorschein kommen können und den Schülern eine Haltung vermitteln, dem eigenen Leben und seinen Erscheinungen unvoreingenommen entgegenzutreten.

So wie im Literaturunterricht des neunten Schuljahres das Thema des Humors eine lösende, erleichternde und in der durchlittenen Subjektivität befreiende Rolle spielt, bestätigt die Lektüre ausgewählter Weltliteratur im zwölften Schuljahr den sich selbst findenden jungen Menschen. Dazwischen liegen Epochen über Poetik, die großen Dichtungen der europäischen Geistesgeschichte und das Epos der Selbsterkenntnis: «Parzival» von Wolfram von Eschenbach.

Auch die Mathematik geht mit den Schülern einen Entwicklungsweg, der in der Oberstufe mit Gleichungen, Kombinatorik und den Anfängen der Statistik beginnt und im zwölften Schuljahr mit einer elementaren Begegnung der Integralwert- und Differenzialrechnung endet. Und dazwischen liegen Welten! Nicht Welten, die aus jedem Schüler einen Mathematiker machen, sondern in ihm eine gesättigte Allgemeinbildung veranlagen.

Das Gleiche gilt für die übrigen Fächer, wo man zum Beispiel neben der Geologie auch geographische Weltwirtschaftskunde antrifft sowie Embryologie und Kosmologie. Sogar die Vermessung eines Landstrichs in der Mathematik wird im elften Schuljahr fortgesetzt in der Kunst der Kartographie, d. h. die Schüler lernen nach mathematischen und geometrischen Gegebenheiten eine Karte anzufertigen.

Geschichte der bildenden Künste, Geschichte der Musik: der Lehrplan hat universelle Züge. Es ist ein großer geistiger Reichtum, der dort zusammenkommt und erlebt werden will. Dazu kommen noch die künstlerisch-praktischen Tätigkeiten, also zeichnen, malen, plastizieren, eventuell bildhauen, und man fragt sich, wie das alles in so wenigen Jahren stattfinden kann. Und tatsächlich, wenn die Sachen nicht richtig gegriffen werden, wenn die Kollegen nicht einheitlich zusammenarbeiten (denn es kommen noch Praktika, Abschlussarbeiten und Theaterprojekte hinzu), kann der Lehrplan überfrachtet werden, und dann bewirkt er nicht, was er bewirken könnte: den jungen Menschen für ein selbstbestimmtes Leben in der Welt vorzubereiten. Aber oft hat man auch diese Erfahrung des Staunens: «Wie bekommen die jungen Leute das alles hin?! Und auch noch mit Elan und Verve.» Der Lehrplan ist kein Armutsplan. Er spiegelt das wider, was die Menschheit in Auseinandersetzung mit sich und der Welt durchgemacht hat. Jeder junge Mensch hat ein Anrecht auf eine solche Vorbereitung für sein Leben.

Eine Auswahl zu weiterführenden Themen:

1. Schubert, Ernst (2012) Der Anfangsunterricht in der Mathematik: Aufbau und fachliche Grundlagen. Verlag Freies Geistesleben; Stuttgart
2. Sommer, Winfried (2005) Zur phänomenologischen Beschreibung der Beugung im Konzept optischer Wege. Entwicklung und Erprobung einer Unterrichtsreihe für die gymnasiale Oberstufe. Logos Verlag; Berlin
3. Bindel, Ernst (1998) Die geistigen Grundlagen der Zahlen. Verlag Freies Geistesleben; Stuttgart
4. Schad, Wolfgang (1985) Säugetiere und Mensch. Zur Gestaltbiologie vom Gesichtspunkt der Dreigliederung. Stuttgart
5. Kranich, Ernst-Michael (1995) Wesensbilder der Tiere. Einführung in die goetheanistische Zoologie. Stuttgart
6. Buck, P.; Mackensen, M. von (1990) Naturphänomene erlebend verstehen. Köln

Der Lehrplan

Der Gründer der ersten Waldorfschule, Emil Molt, hatte Rudolf Steiner gebeten, die Schule zu entwerfen, ihr einen Lehrplan zu geben und eine zeitgemäße Pädagogik zu formulieren. Auch bat er ihn darum, die Schule einzurichten, das heißt, Lehrer zu ernennen und die Schule, soweit das ging, zu führen.

Steiner konzipierte einen Lehrplan, der sich von anderen Lehrplänen dadurch unterscheidet, dass er *der Entwicklung der Kinder und Schüler nachempfunden ist und in seinen Inhalten diese Entwicklung anregt.* Was die Kinder lernen, wird dann nicht bestimmt von einem zu erfüllenden Soll, das gekonnt und gelernt sein muss, sondern von dem, was in diesem Moment ihrer Entwicklung für sie *gut* ist zu lernen, zu erleben. Man muss dazu die Überzeugung haben, dass Kinder sich entwickeln und dass es *nicht einerlei ist, wann sie etwas lernen.*

Es gibt diesbezüglich auch andere Sichtweisen, z. B. jene, jedes Kind sei individuell in seiner Entwicklung und es solle deshalb selbst bestimmen, was es wann lernen will (praktiziert in Freien Schulen). Zudem gibt es die Ansicht, dass es nicht wesentlich sei, wann man was lerne, und dass der Mensch im Grunde zu jeder

Zeit alles lernen könne, wenn man es nur methodisch geschickt einfädele (praktiziert im Konstruktivismus). Manche sind auch der Überzeugung, es sei egal, was unterrichtet wird, der Lehrstoff sei vor allem vernünftig einzuteilen. In diesen wenigen Strichen spiegelt sich eine reife Gesellschaft, in der wirkliche *Bildungsvielfalt* angeboten werden kann. Die demokratische Verfassung macht sie möglich und garantiert sie zugleich. Schlussendlich sollen ja Eltern bestimmen können, welchen Unterricht sie für ihre Sprösslinge wollen.

Die Waldorfschulen sehen im Kind und im Menschen allgemein erkennbare Entwicklungsschritte, die jeder Mensch mehr oder weniger gleichermaßen durchmacht. In der *Regel* lernen wir das Aufrechtstehen vor dem Gehen und dem Sprechen, und das Denken entwickelt sich danach. Alle Kinder machen etwas durch, das wir Schulreife nennen können, die einen schneller als die andern, und so auch die psychischen Umbrüche um das neunte Lebensjahr, die körperliche und die psychische Geschlechtsreife: irgendwie machen wir das alles durch. Jungen anders als Mädchen. Und doch stehen sie alle mit achtzehn Jahren als (fast) erwachsene Jugendliche vor uns. Es ist ein großer bedeutungsvoller Weg, der hier zurückgelegt worden ist. In den Waldorfschulen lebt die Überzeugung, dass diese skizzierten Entwicklungen in erkennbaren Rhythmen sich darstellen, auch wenn es davon erhebliche Abweichungen geben kann.

Dieser Weg ist für alle derselbe, von Geburt an bis zu diesem Moment, wo die Schulzeit zum Ende kommt. Die einen gehen nur über die Hauptstraße der Hauptrichtung entlang, andere machen kleinere oder größere Abstecher in Nebenstraßen und Gassen, aber die Hauptrichtung bleibt: das Erwachsenwerden.

Dieser Hauptrichtung folgt der Lehrplan. Man kann ihn selbst auch vergleichen mit einem Weg, der in schwungvollen Kurven immer höher den Berg hinaufführt und, auf dem Gipfel angekommen, freie Aussicht auf die Welt bietet.

Wie sieht der Weg aus? Die Schulreife kann man sehen als die Phase in der Entwicklung des Kindes, in der Wachstum und Entfaltung eine erste Etappe erreicht haben. Die Fortsetzung des Entwicklungsweges geht jetzt anders weiter: die Wachstums- und Entfaltungskräfte setzen ihren Weg fort, *zugleich* sind aber andere Kräfte *freigesetzt,* die jetzt ein vom Leben unabhängiges Lernen ermöglichen. Neben dem Lernen durch das Spiel und das Leben wird jetzt ein Lernen durch das Lernen selber möglich.

Die ersten drei Schuljahre

In den ersten drei Schuljahren lernen die Kinder lesen, schreiben, rechnen, zwei Fremdsprachen, und die Handarbeit hilft bei der Entwicklung der Feinmotorik (was sich günstig auf die Intelligenz auswirkt), sie werden durch Singen in die Musik eingeführt, Eurythmie spricht die ganze Motorik an, sie lernen Schreiben aus dem Zeichnen und Formenzeichnen, beim Malen mit Farben umzugehen und sie hören Geschichten und Erzählungen: Märchen im ersten, Fabeln und Legenden

im zweiten, Geschichten des Alten Testaments im dritten Schuljahr.

Eine Besonderheit dabei ist: Die Kinder lernen das Lesen aus dem selbst Geschriebenen. Das heißt, sie schreiben, bevor sie lesen können! (Die Motorik, eine – evolutionär gesehen – alte Fähigkeit, unterstützt das Lesen, das in dieser Hinsicht eine neuere Fähigkeit ist.) Eine zweite Besonderheit ist: Das Rechnen wird so angelegt, dass alle vier Rechenarten (nicht erst nur das Addieren!) zugleich erübt werden, unter Mithilfe der vier Temperamente. Durch das gleichzeitige Anwenden der Rechenarten können die Eigenarten der Zahlen gut erfasst werden. Wenn wir addierend, subtrahierend, multiplizierend und dividierend uns um die Zahl 24 bewegen, wird sichtbar, welch eine ‹reiche› Zahl das ist. Neben der rein rechnerischen Fähigkeit entsteht so ein qualitatives Empfinden für die Zahlen. Der zuerst betretene Zahlenraum muss nicht ein kleiner sein. So wie beim Schreiben diese Kunst aus dem Zeichnen entwickelt wird, so wird das Rechnen aus dem Hantieren mit Gegenständen, Bohnen, Kieselsteinen, Kastanien, was eben in der aktuellen Situation vorhanden ist, entwickelt.

Dann werden auch erste Schritte gemacht in der Erkundung der Umwelt. Sie wird so vermittelt, dass ihre Beseelung empfunden wird, zum Beispiel indem das Schneeglöckchen ein Gespräch führt mit der großen dunklen Tanne: «Die Tanne macht sich lustig über das kleine Ding da unten zwischen seinen Wurzeln, das nur kurz da sein wird. Das Schneeglöckchen aber sagt: So klein wie ich bin, eine schöne weiße Blüte hab' ich in der Kälte schon hervorgebracht. Du mit deinem großen Stamm und starken Ästen, wo sind deine Blüten? Da wusste die Tanne nichts mehr zu sagen.»

An diesem einfachen Beispiel wird sichtbar, wie der Lehrplan eingeht auf das magisch-moralische Weltbild der kleinen Kinder. Zugleich geben solche Geschichtchen Denkanstöße darüber, wie die Dinge sich in der Welt zueinander verhalten.

Über dem dritten Schuljahr liegt eine Stimmung wie ein Sommerabend. Die Phase, in der wir noch von den lieben kleinen Kindern sprechen und das auch empfinden, kommt an ein Ende. Es ist wie Abschied aus dem Paradies.

Natürlich sorgen die Lehrer, insbesondere der Klassenlehrer dafür, dass die Unterrichtsziele erreicht wer-

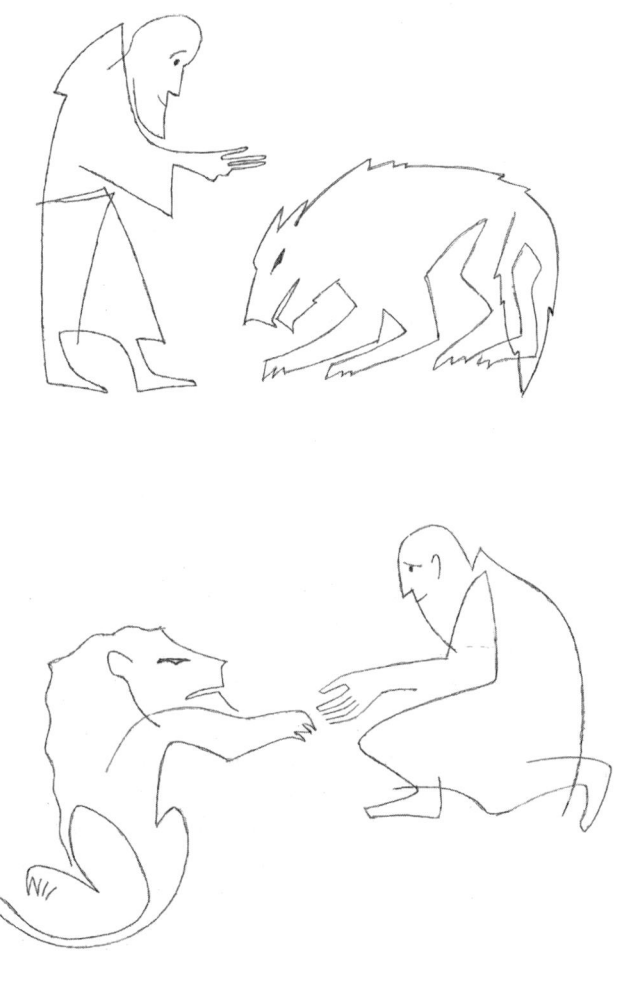

den. Diese werden am Anfang des Jahres den Eltern mitgeteilt.

Die pädagogische Konferenz legt die Unterrichtsziele fest aufgrund des allgemeinen Lehrplans und aufgrund des von der Schule individualisierten Lehrplans.

Das vierte bis sechste Schuljahr

Im Laufe des vierten Schuljahres findet eine subtile Veränderung in den Kindern statt. Ungefähr zwischen dem neunten und zehnten Lebensjahr ändert sich ihre Einstellung zur Welt. In den ersten drei Schuljahren lebt noch ein ‹magisches Weltverständnis› in den Kindern, eine deutliche Trennung zwischen Subjekt und Objekt gibt es noch nicht. Die Kinder glauben an den Weihnachtsmann und den Osterhasen, und wenn sie ganz lieb sind, wird die Lehrerin heute nicht schimpfen und vor allem: wenn ich bis zur nächsten Straßenlaterne meinen Atem einhalten kann, bekomme ich eine gute Note für die Mathearbeit. Erschien die Lehrerin bis dahin in einem verklärten Licht – auf einmal sieht das Kind, dass sie einen Pickel auf der Nase hat! Das kann unter Umständen ein kleiner Schock sein. Kurz, die Welt wird sachlicher. Das kann mit Unsicherheiten einhergehen, mit kurzen Phasen der Ängstlichkeit und mit kleinen Einbußen von sonst heilen und vertrauensvollen Verhältnissen zu Bezugspersonen und der Offenheit, mit der die Kinder der Welt gegenübertreten.

Es sind subtile Momente der Änderung, die Stimmungsschwankungen ähneln, keine radikalen Um-

58

schwünge, aber die Kinder brauchen ein wenig extra Zuwendung. Manchmal treten diese nicht leicht wahrnehmbaren Veränderungen erst gegen das Ende des vierten Schuljahres auf. Auf jeden Fall braucht man sich über diese Geschehnisse nicht zu beunruhigen.

Auf diesen seelischen Umschwung reagiert der Lehrplan der Waldorfschule auf ganz entschiedene Weise. Einige Beispiele. Der Erzählstoff wendet sich noch einmal einem Schöpfungsmythos zu, jetzt aber der nordischen Mythologie. Weshalb? Im dritten Schuljahr wurde bereits schon einmal ein Schöpfungsmythos behandelt. Hier nun, im nordischen Mythos, erscheint im Bild das Ende des Zusammenlebens zwischen Bewohnern des Himmels und der Erde, was nichts anderes ist als das Ende eines magischen Weltverständnisses: Götterdämmerung. Die Menschen müssen mit sich alleine auskommen in der Welt, keiner der Götter ist mehr hilfreich zur Stelle. (Im fünften Schuljahr zeigt der Erzählstoff die Fortsetzung; wie die Menschen lernen, sich selbständig und von den Göttern unabhängig zu entwickeln und Kultur zu schaffen: die griechische Mythologie. Der Mensch steht jetzt mitten zwischen Oben und Unten. Das wurde vorgelebt z.B. von den Halbgöttern Herakles und Prometheus, bis die Menschen es selbständig konnten (Perseus, Ariadne und der schlaue Odysseus).

Abgesehen von diesen Bildern, spiegelt sich der seelische Umschwung weiterhin im Bruchrechnen, in den Formenzeichnungen, die jetzt kompliziertere Kreuzungsformen – wie bei den irischen Grabstelen – aufzeigen, und in der Auseinandersetzung mit Grammatik, also dem Strukturieren von Sätzen (Syntax). Die Mehrstimmigkeit wird beim Singen im Kanon erlebt und sogar im Handarbeitsunterricht kann diese Spiegelung wahrgenommen werden. So komisch es klingt: wenn die Schüler Kreuzstiche lernen, erscheint in dieser Betätigung erstmals ein ganz deutliches Oben und Unten – die Oberseite hat ein anderes Aussehen als die untere. So unscheinbar es aussieht, es sind zwei ganz verschiedene Seiten, die sich wie zwei Welten zueinander verhalten.

In dieser Zeit wird auch ein neues Fach eingeführt: die Biologie, die sich zuerst auf die Tierkunde richtet. Worin sind denn die Tiere verschieden von den Menschen? Eine Lehrerin dichtete:

> Mühsal ist des Tieres Los
> Den Kopf gesenkt ohne viel zu fragen
> Des Lebens Ziel es ist doch bloß
> Wie füllt es denn den Magen?
>
> Frei und aufrecht, das Haupt erhoben
> Kann der Mensch auf Erden gehen
> So will er die Schöpfung loben
> Der Hände Arbeit wird geschehen!

Dann, nach dieser Situationsbestimmung, werden einige Tiere ausführlich geschildert. Dabei ist das Ziel, dass nicht das biologische Fachwissen das Interesse weckt, sondern die präzise Charakterisierung eines Tieres, so dass die Schüler sich eher durch diese Cha-

rakterisierung dem Wesenhaften des Tieres nähern als durch die Betrachtung seiner Gattungsexemplare im Zoo. (So hatte der erste Schularzt, Eugen Kolisko, im besagten Unterricht einmal den Löwen knapp, aber präzise erfasst in dem Satz: ‹Der Löwe ist ein Tier, das von vorne verspricht, was es von hinten nicht hält.› Diese Aussage ist nicht nur morphologisch korrekt, sondern auch physiologisch: der Verdauungstrakt dieses Tieres ist erstaunlich ‹dünn› ausgefallen, ebenso seine Exkremente. Es wird weiterhin versucht, Tiere auf eine Weise darzustellen, die die menschlichen Funktionen, Nervensystem, rhythmisches und Stoffwechsel-Gliedmaßensystem in schöner, vereinseitigter Form zeigen. Und wenn dann auf der Monatsfeier ein ‹Tier›-Zirkus zu sehen ist, mit entsprechenden Vorführungen, ist die Freude groß.

Neu für die Schüler ist auch die Geographieepoche, die Geographisches aus der näheren Umgebung in Beziehung setzt zur Geschichte jener Gegend, in der die Schüler wohnen. Eine schöne, von Interesse für die Umgebung und deren Geschichte erweckte Aufmerksamkeit wird die Folge sein. Das fünfte Schuljahr bringt sodann eine erste Geschichtsepoche, die in sorgfältiger Weise den Übergang von einem mythologischen zu einer historischen Geschichtsbetrachtung einleitet. Eine Besonderheit: diese Epoche beginnt nicht bei den Neandertalern, sondern bei den ersten Anzeichen der Entwicklung einer Kultur des Bewusstseins, in der Ur-Indischen Kulturzeit.

Wird im vierten Schuljahr das Bruchrechnen eingeführt, so wird dies im fünften Schuljahr um die Dezimalbrüche erweitert. Beginnt im vierten Schuljahr die Grammatik der Wortarten, so wird diese im fünften Schuljahr erweitert um den Satzbau. Hat der Erzähl-stoff des vierten Schuljahres sein dramatisches Ende in der Götterdämmerung (der verlassene Mensch, das einsame Kind), im fünften Schuljahr scheint die Sonne von Hellas. Neue (Selbst-)Sicherheit ist gewonnen, sie spiegelt sich im ausgeglichenen Verhältnis von Mensch und Welt, wie es das klassische Altertum vorlebte. Ob-wohl die Tierkunde fortgesetzt wird, richtet sich das Augenmerk im fünften Schuljahr auf die Pflanzenkunde und es kommt der Werkunterricht als neues Fach im Fächerkanon hinzu.

Man kann wohl sagen – wenn man die Schulzeit vom siebenten bis zum vierzehnten Lebensjahr über-blickt –, dass dieses fünfte Jahr das harmonischste ist.

Es ist eine schöne Gewohnheit an den Waldorfschu-len, den Tag, die Arbeit zu beginnen mit einem Segens-spruch, im Sprachgebrauch ‹Morgenspruch› genannt. (Er ist nicht als Gebet gemeint.) Es gibt den kleinen Morgenspruch für die Schulstufen 1 bis 4 und den großen ab der Schulstufe 5. Dieser schildert, wie der werdende Mensch durch Lernen und Arbeiten beginnt, sich die Welt zu eigen zu machen.

Man kann gut nachempfinden, dass dieser Wechsel sich im fünften Schuljahr vollzieht: Die Interessen blü-hen auf, Talente werden sichtbar, die Temperamente festigen sich.

Das sechste Schuljahr bekräftigt das bis dahin Gelernte, aber in Richtung einer neuen Bodenständig-keit: Die Schüler erleben die Freude am Beherrschen

63

der verschiedenen Lehrgegenstände; es bedeutet für sie, sich zu Hause fühlen in einer sich erweiternden Welt. Es seien vier markante Beispiele aufgeführt, wie sich Welt und eigener Horizont durch den Lehrplan erweitern: Die Geographie wird ergänzt durch eine Mineralogieepoche (keine Geologie); die Naturwissenschaften setzen ein mit einer Physikepoche; der Erzählstoff wendet sich der lateinischen Kultur und damit dem juristischen Denken, dem Gleichheitsprinzip zu und beim Rechnen bleibt alles Vorherige in Übung, aber neu hinzu kommen Rechnungen geschäftlicher Art wie Zinsrechnungen, Einkaufs- und Verkaufspreise kalkulieren und die Berechnung von Gewinnspannen in Prozenten. Die Zinsrechnungen greifen dem Buchstabenrechnen in der Algebra im siebten Schuljahr vor.

Als eine Grundfarbe oder ein Grundton dieser zwei Jahre sei Folgendes geschildert. Eine Entwicklung zu beschleunigen ist immer leichter als eine Entwicklung aufzuhalten und gleichzeitig zu sättigen. Darauf hat schon der große Biologe Portmann hingewiesen, als er tierische und menschliche Entwicklung verglich und zu dem Schluss kam, die tierische Entwicklung habe die Neigung zur Beschleunigung (propulsiv), die menschliche dagegen zum Beharren und zur langsamen Reifung (retardierend).

Es ist relativ leicht, im siebten und achten Schuljahr durch Unterricht und pädagogisches Handeln eine mächtige Beschleunigung in Richtung Pubertät zu inszenieren. Eine größere Kunst ist es, die Schüler in der Präpubertät noch zu halten und sie durch einen an Ganzheiten und großen Gesichtspunkten orientierten Unterricht reifen zu lassen. Das Spezialistentum und das fachliche Können setzen in den Jahren danach ein. Siebtes und achtes Schuljahr dürfen noch die Zeit der großen Gebärden, der weiten Perspektiven sein. Das Geführtwerden kommt so allmählich zu einem Abschluss.

Das gilt auch für die psychologische Verfasstheit der Schüler. Sie sind keine Kinder mehr, aber auch noch lange keine Erwachsenen. Sie brauchen den Klassenlehrer eigentlich nicht mehr, aber ohne ihn sind sie richtig hilflos. Diese Siebtklässler sind ein wenig wie Kälber, reizend zu sehen, zu streicheln, aber ungelenk im Umgang. Sie wollen den Lehrer als Freund und Kumpel ansehen, aber er soll doch bitte dafür sorgen, dass alles gut geht.

Der Lehrplan hilft den Schülern, ‹groß› zu werden. Neben der Physik kommt jetzt die Chemie hinzu und neben Rechnen echte Algebra und echte Geometrie (es begann schon im sechsten Schuljahr mit der Freihand-Geometrie). Die Biologie, die sich mit Tierkunde und Pflanzenkunde beschäftigt hatte, erhält jetzt eine bedeutende Erweiterung: der Mensch wird vom anatomisch-mechanischen Gesichtspunkt aus betrachtet (Skelett und Muskulatur), so wie die Physik in diesem Schuljahr die allgemeine Lehre der Mechanik einführt (Werkzeuge, Hebel, Flaschenzüge usw.). Ein Jahr später dann kommt in der Biologie der funktionale Teil hinzu, das heißt Stoffwechselprozesse, Kreislaufvorgänge und Sinnesfunktionen.

In der Geographie wurde bisher der Schwerpunkt auf Europa gelegt, was nun erweitert wird durch die Betrachtung der Kontinente. Die Geschichte bringt im siebten Schuljahr die großen geographischen Entdeckungen ab der Renaissance, im achten Schuljahr die Geschichte der Industrialisierung. Dampfmaschine, Turbinen, Verbrennungsmotoren, Elektroantrieb, Radio, Fernsehen, Computer: sie haben die Welt stärker verändert als alle kriegerischen Auseinandersetzungen zusammen. Dabei bleiben Fremdsprachen, Handarbeit, Singen, Werken und Gartenbau auch in diesen Jahren Teil des Lehrplans.

Aus dieser (nicht vollzähligen) Auflistung mag deutlich werden, wie der Lehrplan ganz dezidiert in Richtung Welt und einer objektivierten Auffassung des Menschen weist und dabei von erstaunlichem Reichtum ist. In dieser Klassenstufe zu unterrichten, stellt an das Allgemeinwissen der Lehrer und ihre pädagogische Geschicklichkeit und Wandelbarkeit hohe Anforde-

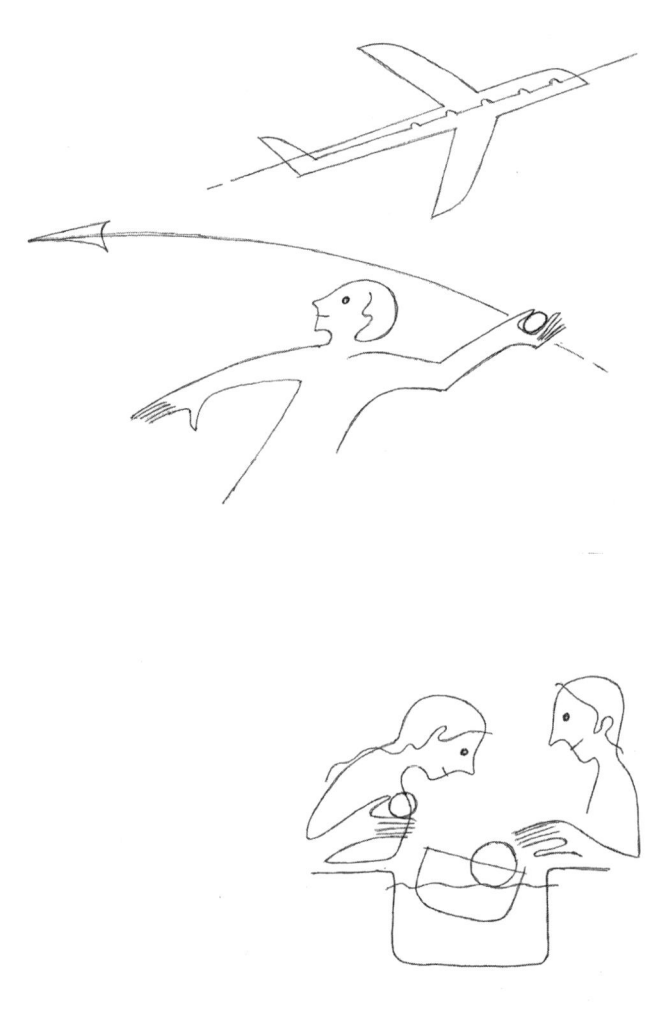

rungen. Wem das aber gelingt, der hat eine wunderbare Zeit mit diesem Alter ‹zwischen kurzer und langer Hose›.

Wie die Schule sich auch entscheidet, im eigentlichen Sinne sind diese zwei Jahre Abschied und Krönung der Kindheit zugleich.

Das siebte und achte Schuljahr

An manchen Schulen wird in dieser Zeit eine sogenannte Mittelstufe eingeführt. Das bedeutet, dass der Klassenlehrer der ersten bis zur sechsten Klasse durch einen Kollegen abgelöst wird, der sich auf das siebte und achte Schuljahr spezialisiert hat – auch Fachlehrer können ausgetauscht werden.

(Siehe das Kapitel: ‹Herausforderungen der Gegenwart und Zukunftsfähigkeit›.)

Wie auch immer diese Schuljahre geführt werden, das pädagogische Prinzip des sich entwickelnden Schülers und damit das Echo im Lehrplan bleiben bestehen.

Das neunte und zehnte Schuljahr

Es gibt in der Psychologie eine Diskussion, ob die Entwicklung des Menschen eine kontinuierliche ist oder ob sie in Stufen verläuft und – wenn ja – zwischen den Stufen Sprünge, eventuell sogar Brüche aufweist. Der augenblickliche Stand der Dinge geht von einer kontinuierlichen, strikt individualistischen Entwicklung aus, die an sich nichts Stufenartiges aufweist und der Ansicht ist, dass jedes Kind, jeder Mensch in seiner genetischen Prägung und in seiner Sozialisierung einmalig ist. Außerdem sei die Lernfähigkeit des Menschen an kein spezifisches Alter gebunden. Kinder, so die heutige Meinung, bestimmen selber, wann und wie sie lernen wollen oder können. Das ist der Stand der Dinge von heute. In zehn Jahren könnte dieses Bild wieder ganz anders aussehen, wenn die Bildungs- und die Lernforschung wieder neue Erkenntnisse gewonnen haben wird.

Steiner war dagegen ausgesprochen der Ansicht, der werdende Mensch mache Sprünge in seiner Entwicklung. Einen Beleg könne man finden, wenn man sich die Einweihungsrituale ansehe, die frühere Kulturen pflegten und die sich hier und da wieder des Interesses erfreuen.

In den Waldorfschulen betrachten wir die Übergänge vom Kindergarten zur Grundschule und von der Unterstufe zur Oberstufe als Stufen. Stufen, die einen neuen Abschnitt im Leben markieren, den man tatsächlich auch feiern könnte. Die Stufe zur Oberstufe wird markiert durch das Zurücktreten der Klassenlehrerpersönlichkeit zugunsten verschiedener Fachlehrer, so wie es das klassische Gymnasium auch kennt (es aber nach unserer Meinung an einer zu frühen Entwicklungsstufe der Kinder anwendet). Die Lehrer werden nun aus der vollen Kompetenz ihres fachlichen Könnens und aus der Überzeugung, dieses Wissen den Schülern vermitteln zu wollen, wirken. Sie sind zu Recht die Spezialisten ihres Standes. Wer das überzeugend lebt, wird von den Oberstufenschülern als authentisch erfahren – für die Schüler ein wertvolles Erlebnis.

Der Lehrplan aber versucht zuallererst, Hilfestellung zu geben beim Tumult und den Wirren der Pubertät. Zum Beispiel dann, wenn das Hauptthema die Geschichte der Revolutionen ist. So auch im Deutschunterricht, wenn die Schüler lernen, vor dem Hintergrund humoristischer Literatur Humor sprachlich zu produzieren und anzuwenden, auch dann erlebt man die Hilfestellung des Lehrplans. Und nicht zuletzt, wenn die Mathematik uns zeigt, wie man mit dem Denken in wenigen Minuten eine Lösung finden kann, die, praktisch gelöst, Monate dauern würde (wie bei Fragestellungen der Kombinatorik), und die Schüler dabei neben der Macht der Gefühle auch die Macht des Denkens kennenlernen.

In der Chemie erfahren die Schüler ein tiefes, sinnhaftes Eindringen in die Verhältnisse der organischen Chemie, also Zucker, Stärke, Zellulose, alkoholische Gärung, Gärung und Destillation, aerobe, anaerobe Gärungen, Herstellung und Eigenschaften von Äther, Ester und Aromastoffen. Die Physik legt nach mit Wärmelehre und Thermodynamik und damit der Funktionsweise von Dampfmaschine, Stirlingmotor und Verbrennungsmotoren (Viertakt-, Zweitakt-, Dieselmotoren, Strahltriebwerke und Raketenantriebe). Schon bei der Betrachtung dieser Aufzählung wärmt einen das Interesse an der Welt, das Jungen und Mädchen gleichermaßen erfahren können. Und man spürt zugleich, wie schwierig es ist, solche interessanten Gegenstände wegen des Abiturs ganz oder teilweise wegzulassen oder zur Unkenntlichkeit reduzieren zu müssen. Die Erfahrung lehrt aber auch: wenn wir uns Zeit nehmen für einen Unterricht, wie er hier dargestellt wird, dann saugen die Schüler das Weltinteresse auf, und dieses mildert wiederum die Nöte der Pubertät.

Das zehnte Schuljahr steht noch teils im Zeichen dieses pubertären Verhaltens, aber irgendwo in der Mitte des Jahres bricht die Sonne der neu gewonnenen Vernunft durch. Eine neu gewonnene Lebenssicherheit tritt in Erscheinung.

In der Literatur geht es jetzt um eine Metrik- und Poetikepoche und das Kennenlernen von Epik, Lyrik und Dramatik. Kennenlernen und anwenden können! Die Schüler werden mit den großen Werken der deutschen Literatur bekannt. Im Geschichtsunterricht geschieht etwas Merkwürdiges. Alles, was in der Unterstufe an geschichtsähnlichem Unterricht über die alten Kulturen gegeben wurde, kommt nun wieder, aber nun nicht in der Form von Bildern, sondern in großen geisteswissenschaftlichen Zusammenhängen. Beides zusammen weckt, was Goethe die ‹anschauende Urteilskraft› nennt. Die Hochkulturen Indiens, Irans, die Stadtkulturen Mesopotamiens, Ägyptens, Chinas, Griechenlands, die griechischen Kolonisationen (Alexander der Große), die Philosophie Griechenlands und, um mit Nietzsche zu sprechen, ‹die Geburt der Tragödie›, bilden Gesichtspunkte, die einen Weg der menschlichen Bewusstseinsentwicklung veranschaulichen.

Die Geographie wendet sich einerseits dem Erdinneren zu, der Lithosphäre und der Plattentektonik, anderseits aber auch den Hüllen über der Erde (Atmosphäre, Stratosphäre) und dem dazugehörenden Grundverständnis der Meteorologie (was Anlass sein kann zu interessanten Beobachtungssequenzen). Die Chemie wendet sich dem Anorganischen zu und die Mathematik bringt eine Fülle neuer Handhabungen: Quadratische Gleichungen, Logarithmen: Rechengesetze des Logarithmierens, logarithmische Skalen in der Naturwissenschaft. Dann lernen die Schüler in der Geometrie die Behandlung von Kreis und Gerade, die Trigonometrie wird eingeführt, und wenn noch Zeit ist, kann die darstellende Geometrie hinzugefügt werden. Charakteristisch für das zehnte Schuljahr ist außerdem das Feldmesspraktikum: Beim Vermessen eines Landstriches oder einer Gegend lernen die Schüler die Dreiecksvermessung in der Wirklichkeit anzuwenden,

Es geht nicht um Vollständigkeit, sondern der ungemeine Reichtum des Lehrplans und dessen Zusammenhang mit dem Wachstum und der Entwicklung der Schüler soll hier aufgezeigt werden. Um das noch zu ergänzen: Früher umfasste dieses Schuljahr einen Kurs in Stenographie (!), einen Erste-Hilfe-Kurs bei Unfällen und eine feste Stunde Technologie, damit die Schüler die Technik, die sie im Leben brauchen würden, auch verstünden. Steiners Vorschlag war, dass man jede Technik, die man selbst gebraucht, wenigstens dem Prinzip nach verstehen solle, damit man Herr über sie bleibe und nicht ihr Knecht werde. Eine in der zweiten Dekade des 21. Jahrhunderts sehr verständliche Forderung.

Das zehnte Schuljahr hat auch Künstlerisches und Kunsthandwerkliches zu bieten, aber auch Malen, Zeichnen, Plastizieren und die Musik spielen nach wie vor eine wichtige Rolle. Der Oberstufenchor (und eventuelles Orchester) bereiten ihre Aufführungen vor, und wieder steht man vor dem fast unfassbaren Phänomen, wie die Schüler und Kollegen das alles in einem Schuljahr unter Dach und Fach bekommen. (Manche Schulen bieten in diesem Jahr auch noch ein Forstpraktikum an!)

Zusammenfassend kann man sagen, dass der Lehrplan der Waldorfschulen eigentlich auf das Leben vorbereiten will, und er ist seiner Natur nach nicht dazu veranlagt, *nur* als Vorbereitung welcher Prüfung auch immer zu dienen. Natürlich haben die Waldorfschulen die gesellschaftliche Aufgabe, den Schülern die Prüfungen zu ermöglichen, die sie für ihr Weiterkommen benötigen. Aus dem Dargestellten kann aber auch ersichtlich werden, dass ein solches Vorhaben die an der Entwicklung des Kindes orientierte Durchführung des eigentlichen Lehrplans korrumpieren kann, wenn nicht das Lehrerkollegium ganz bewusst hier die richtigen Verhältnisse herstellt.

Das elfte und zwölfte Schuljahr

Aus dem Vorhergehenden wird ersichtlich, wie im elften und zwölften Schuljahr die Aussichten, die der Lehrplan bietet, immer größer und mächtiger werden; der Berg ist bald erklommen und die Aussicht frei.

Ein Beispiel: die Literatur des elften Schuljahres beschäftigt sich mit dem großen Epos Wolfram von Eschenbachs, dem *Parzival*. Ein Werk von unergründlicher Tiefe. Es gibt den Schülern die Möglichkeit, in die Gesetze der Biographie zu schauen, zugleich aber das Gesetz der Selbsterziehung (nach der Kindeserziehung) vor Augen zu haben. Damit der ‹reine Tor› am Ende ‹Gralskönig› werden kann, muss seine Seele Entwicklungen und Entbehrungen durchmachen, die vom ‹höheren Selbst› in seiner niederen Zerrgestalt (Kundry) befohlen werden. Nur so wird die ‹Saelde› erreicht.

Und dann die Literatur im zwölften Schuljahr: Weltliteratur! Dostojewski, Goethe, Tolstoi, Schiller, Handke, Emerson, Strindberg, Grass, Shakespeare, Racine, Hugo – kurz: der Blick zu einem Menschen- und Weltverständnis durch die Literatur ist frei!

Dasselbe gilt eigentlich für alle Fächer. Eine Perle von einer Epoche im elften Schuljahr ist noch die Kartographie. Nach der Geologie im neunten, dem Feldmessen im zehnten kommt jetzt im elften Schuljahr dieses Fach: Die Schüler lernen, mathematisch-geometrisch korrekt eine Land- und Weltkarte mit den notwendigen mathematischen ‹Verzerrungen› (Projektionen, wegen der Erdkrümmung) zu zeichnen. Im zwölften Schul-

76

jahr wird alles zusammengefasst in einer Epoche, die Wirtschaftskunde, Geographie, Ethnographisches und Naturkundliches umfasst, die Krönung der Fächer. Ein Gleiches wäre vom Mathematikunterricht zu sagen, er findet seinen Abschluss darin, dass die Schüler bekannt gemacht werden mit der Differenzial- und Integralrechnung. Die Geometrie beschäftigt sich mit dem Ausbau der Vektorgeometrie, findet aber ihre Steigerung in der Projektiven Geometrie. Wenn Zeit wäre, was in der Regel nicht der Fall ist, kann die Mathematik mit Astronomie und Embryologie zu einem Ganzen zusammengeführt werden, wodurch auch ein Gesamtabschluss entstünde.

Die Chemie bringt das Periodensystem. Nicht als Raster, sondern als Entdeckung durch die Schüler. ‹Es ist ein großer Unterschied, ob man das Periodensystem als Ausgangspunkt nimmt oder als wichtige, merkwürdige Entdeckung bespricht› (F. Julius). Danach kommen Einblicke in die Biochemie; Enzyme, Hormone. Es führt zum Menschen hin: Immunreaktionen, Vergiftungen von Mensch und Natur. Der Ausblick, eine welt- und menschengemäße Chemie. Ökologische und Nachhaltigkeitsfragen werden existentiell in der Chemie.

Die Biologie geht von der Embryologie (und ihren kosmologischen Entsprechungen) noch einmal durch die ganze Zoologie, und, beim Menschen angekommen, werden Grenzbereiche der Reproduktions- und Transplantationsmedizin besprochen.

Oft spielen die Schüler am Ende der elften oder zwölften Klasse noch ein großes Theaterstück oder ein

Musical und sie machen eine abschließende Kunstreise. In den letzten 20 Jahren ist es Tradition geworden, die Schüler noch eine Abschlussarbeit machen zu lassen. Ein selbst gewähltes Thema wird in Eigenarbeit bewältigt und vor einem Publikum präsentiert. Die Arbeit soll einen theoretischen Teil haben, aber auch praktisch ausgeführt sein. Ein Schüler hat sich mit dem Schiffsbau beschäftigt, dieses theoretisch dargelegt, aber auch eine Segeljolle selbst gebaut (Klasse: Optimist). Ein anderer entwirft ein Kostüm für eine Opernrolle. Er macht sich die Psychologie der zu spielenden Person zu eigen, entwirft das Kostüm, schneidert und demonstriert es. Ein weiterer Schüler entwirft einen Geldautomaten, der von Blinden bedient werden kann, und baut tatsächlich die Frontpartie für diese Maschine. Die Reihe der Beispiele ist schier ohne Ende. Es gibt auch Schulen, die eine Abschlussarbeit für die ganze Klasse in Eurythmie machen. (Solche Schulen zeigen sich gegenseitig die so entstandenen Aufführungen.)

Was aber zum Abschluss kommt, ist tatsächlich die Komposition des Lehrplans. Man kann an dieser Stelle mit Fug und Recht sagen: Auch wenn der Mensch ein Leben lang lernt, der Lehrplan als Gesamtkunstwerk ist hier beendet. Das dreizehnte Schuljahr, wo noch vorhanden, dient ausschließlich der Vorbereitung für die Prüfung des Abiturs. Es hat in diesem Sinne keinen Lehrplan mehr, auch wenn auf Wunsch der Schüler hier und da das Pauken durch Singen oder Eurythmie abgelöst wird.

Zu weiterer Lektüre empfohlen:

1. Tobias Richter (2010) Pädagogischer Auftrag und Unterrichtsziele – vom Lehrplan der Waldorfschule. Verlag Freies Geistesleben; Stuttgart
2. Denjean, Alain (2008) Odyssee der Menschwerdung. Verlag Freies Geistesleben; Stuttgart
3. Zech, Michael (2012) Der Geschichtsunterricht an Waldorfschulen. Genese und Umsetzung des Konzepts vor dem Hintergrund der aktuellen geschichtsdidaktischen Diskussion. Verlag Lang; Frankfurt am Main
4. Lindenberg, Christoph (2008) Geschichte leben: Thematische Anregungen zum Lehrplan. Verlag Freies Geistesleben; Stuttgart
5. Schmelzer, Albert (2000) Wer Revolution machen will ... Zum Geschichtsunterricht der 9. Klasse an Waldorfschulen. Verlag Freies Geistesleben; Stuttgart
6. Mackensen, Manfred von (1998) Einige Themen der Optik, mit Hinweisen zur Gestaltung von Physikunterricht in der 12. Klasse. Verlag Pädagogische Forschungsstelle beim Bund der Freien Waldorfschulen
7. Kranich, Ernst Michael (1995) Wesensbilder der Tiere, Einführung in eine goetheanistische Zoologie. Verlag Freies Geistesleben; Stuttgart
8. Kranich, Ernst Michael (1998) Pflanze und Kosmos; Grundlinien einer kosmologischen Botanik. Verlag Freies Geistesleben; Stuttgart
9. Julius, Frits (1992 – 3. Auflage) Grundlagen einer phänomenologischen Chemie I. Zum Chemieunterricht der Mittelstufe

10. Julius, Frits (1992 – 3. Auflage) Grundlagen einer phänomenologischen Chemie II. Zum Chemieunterricht der Oberstufe, beide: Verlag Freies Geistesleben; Stuttgart

11. Rohen, J. W. (2002) Morphologie des menschlichen Organismus. Entwurf einer goetheanistischen Gestaltlehre des Menschen. Stuttgart

12. Schad, W. (1982) Die Vorgeburtlichkeit des Menschen. Der Entwicklungsgedanke in der Embryologie. Stuttgart

13. Wagenschein, M. (1965) Die pädagogische Dimension der Physik. Braunschweig

Die Pädagogik

Der Waldorfschule liegt eine Pädagogik zugrunde, die von Rudolf Steiner (1861–1925), dem Begründer der Anthroposophie, formuliert und entworfen ist. Anthroposophie kann übersetzt werden mit ‹Bewusstsein seines Menschseins›. Es ist ein Bewusstsein, das in allen Menschen vorhanden ist, meist schlummernd, unbewusst. Die Anthroposophie will eine Weckhilfe sein, das Bewusstsein unseres Menschseins immer reicher und tiefer zu entfalten. Eine besondere Folge davon ist ein erweitertes Menschenverständnis, wie überhaupt dieses Bewusstsein seiner Selbst keine Beschränkung, sondern im Gegenteil eine Erweiterung des zu erkennenden und zu verstehenden Horizontes darstellt.

Dieses erweiterte Menschenverständnis beschränkt den Menschen nicht auf seine Leiblichkeit und seine Psyche, sondern sieht am Menschen auch eine unverwechselbare, einmalige Entelechie am Werk. Diese Entelechie oder Individualität *ist* und *wird* zugleich. Im Kind ist sie noch verborgen, aber anwesend. Die Aufgabe der Erziehung ist, dieses Verborgene wie eine Blüte zur Entfaltung zu bringen. So wie aus dem Keimling des Rosenstocks nicht sofort eine Rose erblüht, sondern der Keim erst wachsen muss zum Strauch dadurch, dass er einen Stamm entfaltet, Blätter und Zweige bekommt, die sich dann nach einiger Zeit zum Kelchblatt und damit zur Blüte umwandeln, so auch das Kind. Es muss wachsen, werden. Das, was in ihm veranlagt ist, will sich entfalten zur Blüte, das heißt, auch zur Selbstbestimmung geführt werden. Dieses Wachstum braucht seine Zeit, wie in der Pflanzenwelt so auch im Menschen.

Es ist sehr bedeutend und charakteristisch für die Spezies Mensch, dass er das nicht alleine kann. Der Mensch braucht die Zuwendung des Anderen. Er braucht Erziehung. Der Mensch, das Kind, braucht den Anderen, um einmal ganz selbständig sein zu können. Solange das Kind ganz klein ist, bedarf es für fast jede Lebensverrichtung der helfenden Zuwendung. Wird es etwas älter, wird die Zuwendung durch die Nachahmung wirken, was zum Beispiel am Mutterspracherwerb sichtbar wird. Kleinere und größere Fertigkeiten kommen auf diese Weise zustande: anziehen, waschen, essen, zeichnen, sich benehmen.

Nur im Spiel ist das Kind ganz es selbst, nimmt nachgeahmte Elemente auf, aber bildet und baut damit seine eigene Welt. Dann befestigen sich die Fähigkeiten des Aufrechtstehens, des Gehens, des Sprechens, des Hörens und des Denkens, und eine elementare Handlungsfähigkeit entsteht. Mit anderen Worten, bis zur Schulreife, um das sechste, siebente Lebensjahr herum, hat das Kind schon eine gewaltige, aber meist unbewusste Lernleistung an den eigenen Lebensverrichtungen vollbracht. Um die Schulreife herum bekommt die Zuwendung einen anderen Charakter. Die faktische

Nachahmung hört (langsam) auf und wird zu einer inneren, einer intentionalen. Das Kind wird gewillt sein, von einem Anderen Inhalte nachzuahmen. Es will lernen, aber jetzt nicht vom Leben, sondern von einem anderen Menschen, dem es seine Hinwendung schenken kann. Ist dieser andere Mensch der Liebe wert, wird das Kind aus Neigung lernen. Man kann das die Hinwendung an eine geliebte Autorität nennen. (Ein Kind kann auch unter Zwang oder unter Konkurrenzdruck lernen. In der Waldorfschule verzichten wir darauf gerne, da wir die dadurch ausgelösten seelischen Schäden nicht verantworten möchten.) Dieses Verhältnis zu einer geliebten Person, wegen der man auch mal lernt, was einem nicht nur Freude macht, dauert über Jahre. Aber es verändert sich ständig. Immer mehr wächst das Kind, seine Talente beginnen sich zu entfalten, auch die Beschränkungen werden sichtbar. Das Lernen weitet sich gewaltig aus und der Lehrer oder die Lehrerin wachsen in diesem Werdegang mit. Ihre Art, die Schüler anzusprechen, ihre Lernstrategien wachsen mit, ihr Verständnis für die jungen Menschen weitet sich, kurz, sie sind, wer sie sind, und ändern sich doch. Ihr Sein ist Agilität und Beharrlichkeit zugleich.

Und das ist wie eine zweite Nachahmung: Kinder, die Schüler geworden sind, erleben Lehrer, die mitgehen, mitwachsen, mitlernen, die ebenso unterwegs sind wie ihre Schüler.

Es tritt dann ein nächster wichtiger Lebensabschnitt ein: die Geschlechtsreife. (Steiner benutzt dafür die schöne Wortschöpfung ‹Erdenreife›, wobei man im Bewusstsein haben muss, dass Geschlechtsreife heute

nicht zugleich auch seelische Reifung bedeutet. Beide Entwicklungsschritte, physische und psychische, liegen gegenwärtig einige Jahre auseinander.)

Die Zuwendung der Erwachsenen, der Lehrer, ändert sich jetzt grundsätzlich. Dem jungen Menschen, noch verwirrt über alles, was ihm und ihr passiert im jungen Leben, treten jetzt Lehrer gegenüber, die alles daran setzen, aus ihrer eigenen Identität, die sich vermählt hat mit ihrem Fachwissen, die Jugendlichen durch die Unterrichtsgegenstände auf das Leben und die Welt hinzuweisen. Und wenn der Jugendliche Glück hat und in diesem Alter Lehrern begegnet, die ihr Können und ihr Sein zur Authentizität verschmelzen, dann kann eine dritte große, noch mehr verinnerlichte Nachahmung stattfinden: Sie äußert sich als reine Begeisterungsfähigkeit für einen Menschen und sein Können. Diese Begeisterung führt die Jugendlichen in die Welt und ihre Bedeutungen ein. Immer wieder begegnet man Menschen, die das Glück gehabt haben, Lehrerpersönlichkeiten getroffen zu haben, die in der Erinnerung bedeutend bleiben.

In dieser Phase des Jungseins erwacht die Begegnungsfähigkeit. Begegnungen erhalten dadurch einen ganz neuen Bedeutungshorizont, der prägend für das Leben sein wird. Und dann kommt der Moment, an dem die Schüler mit einem Schatz an Wissen, Fähigkeiten und Erinnerungen ins Leben treten.

Angewandte Pädagogik

Um die Pädagogik praktisch anwendbar zu machen, brauchen die Unterrichtenden ein reiches Wissen um das oben erwähnte erweiterte Menschenverständnis. Denn dieses hilft ihnen, die Kinder, die Schüler, die Jugendlichen zu verstehen. Steiner gab dazu ein umfassendes Instrumentarium der Verstehensmöglichkeiten. Einige seien hier aufgeführt. Leicht kann das Missverständnis entstehen, diese Instrumente der Wahrnehmung dienten der Identifikation, der Benennung. Aber dem ist nicht so. Sie sind nicht mehr und nicht weniger als Hilfen des Verstehens. Werden sie in diesem Sinne von den Lehrern angewandt, erleichtert das den Kontakt zu den Kindern, Schülern und Jugendlichen. Dieser wirkliche Kontakt ist die Grundlage aller Erziehung.

Das Temperament

Man kann einem Kind oder einem Schüler näherkommen durch das Erkennen seines Temperamentes. Die Temperamente sind dem naiven Bewusstsein geläufig. Schüler zeigen sich in einem tatkräftigen Modus (cholerisch), in einem kommunikativen (sanguinisch), einem beharrenden (phlegmatisch) oder einem in sich selbst gekehrten Modus (melancholisch). In der Regel sind in einem Kind zwei Temperamente vorherrschend – in einem Verhältnis von dominant zu subdominant. Auch ändern diese Temperamentsmischungen sich im Laufe der Jahre.

Das zu erkennen ist das eine. Sinnvoll drauf einzugehen, das Kind, den Schüler in seinem Temperament anzusprechen, ist das andere; da beginnt die pädagogische Kunst. Wir nehmen die Temperamentfärbung des Kindes, mit dem wir sprechen, wie von selbst an. Wir lernen, in verschiedenen Temperamentschattierungen mit den Schülern zu sprechen, zu rechnen, zu erzählen, Aufgaben in der Grammatik zu geben. Das belebt das Leben im Klassenzimmer und hilft, dass die Schüler ‹sich verstanden fühlen›. Schließlich lernt der Lehrer selbst damit seine eigenen Einseitigkeiten des Temperaments kennen und beherrschen.

Die Konstitution

Es ist dabei nicht unwichtig, ob der Schüler, aber auch der Lehrer selbst einen Überhang hat in seiner intellektuellen, der gefühlsmäßigen oder der tätigen Ausrichtung. Ein Kind, das mehrheitlich «im Kopf» steckt, will anders angesprochen werden als ein Schüler, der vor allem aus dem Gefühl lebt. Dieser aber lebt wiederum anders und will anders kommunizieren als das Kind, das sich erst dann angesprochen fühlt, wenn es etwas zu tun hat.

Das Vorherrschende von einem der drei Systeme (Nerven-Sinnessystem, rhythmisches System, Gliedmaßensystem) kann man schon am äußeren Auftreten der Kinder erahnen. Aber nicht nur das. Ein Eingehen auf solche Eigenarten, auch wenn sie einseitig sind, gibt uns auf Dauer die Möglichkeit, eine Kompensation der Einseitigkeit zu finden. Das ist pädagogische Kunst, die das Leben mit den Schülern ‹geschmeidig› macht.

Die Denkart

Am Schüler (und an einem selber) kann man Beobachtungen bezüglich der Art wie er denkt machen. Das sagt noch nichts über seine Intelligenz aus, sondern eben nur darüber, *wie* das Kind oder der Schüler denkt. Ist das eher begrifflich, analytisch oder eher ein Denken in Zusammenhängen, bildhaft? Man kann sich die Bedeutung dieser Betrachtungsweise schnell verdeutlichen. Bin ich als Lehrer ausgesprochen begrifflich mit meinem Denken unterwegs und treffe auf einen Schüler, der mehr in Zusammenhängen, bildhaft denkt, führt das unweigerlich zu Missverständnissen. Zum Beispiel, dass der Lehrer den Schüler als ‹dumm› empfindet, weil er anders denkt als er selber. Sich ein Bild machen von der Art des Denkens, das der Schüler aus seiner eigenen Natur heraus betätigt, kann sehr hilfreich sein bei der Kommunikation zwischen Schüler und Lehrer. (Das ist auch ein Problem, das auftreten kann, wenn ausgesprochene Oberstufendozenten plötzlich junge Kinder zu unterrichten haben. Wer das klassische deutsche Gymnasium besucht hat, kennt die Pein des unverständlichen Lehrers in der fünften Klasse, wenn er sich nicht umstellen kann.)

Die Phantasietätigkeit

Jeder Mensch hat Vorstellungen, innere Bilder. Bei dem einen bleiben sie an die Vorstellungen geknüpft, bei den anderen beginnen sie, ein eigenes Leben zu führen, und werden zur Phantasie. Jeder Mensch besitzt auch seine eigene Portion dieser Phantasietätigkeit. Gerade Kinder leben stark in und mit der Phantasie, zum Beispiel im Spiel. Das Spiel ist ihnen aber Ernst, auch wenn es phantasievoll ist. Manche Kinder zeigen eine starke Phantasietätigkeit, andere weniger, sie sind nüchterner. Kinder, die ganz stark in ihren Phantasien leben, können häufig nicht leicht Abstand davon nehmen; es ist dann, als würden sie von der Ein-Bildung regelrecht besetzt werden.

Im normalen Schulalltag sieht man zum Beispiel Drittklässler, die, sobald sie frei haben, auf dem Schulhof in irgendeinem Spiel gefangen sind. Andere stehen daneben und schauen zu. Werden im sechsten Schuljahr Aufsätze geschrieben, schauen die einen unglücklich drein: «Was soll ich denn schreiben?» Andere füllen Seite nach Seite.

Auch hier gilt es, die Eigenarten der Schüler wahrzunehmen und sie je nach Situation zu Neuem zu führen. Die einen kann man mehr auf Sachliches aufmerksam machen oder andere auf etwas an sich Schönes hinführen. Und: Ist man sich als Lehrer oder Lehrerin der eigenen Lage diesbezüglich bewusst? Wie sieht es bei uns selbst aus im Verkehr mit den Schülern? Hat man zum Beispiel die Kraft, sich vorzustellen, wie man sich fühlen würde, wenn man in der Haut dieses Schülers stecken würde? Wie würde es einem als Lehrer dann ergehen?

Sind die Lehrer nicht geradezu gefragt, ihre Phantasie rege zu machen, wenn in der Schule etwas passiert, das nicht in Ordnung ist? Gerade das phantasievolle Eingehen auf kleinere und größere Vergehen im Schulalltag und dabei die ‹Moralinspritze› nicht zu betätigen, macht das Schulleben für beide Seiten erträglich.

Die Interessen

Werden die Schüler älter, werden auch Talente und Interessen sichtbar. (Natürlich können ganz ausgesprochene Talente auch früher in die Sichtbarkeit treten.) Interessen gibt es viele, aber immer ist schon eine Tendenz vorhanden. Entweder sie nehmen einen idealistischen Höhenflug (ich will ein berühmter Dirigent werden!) oder eine mehr sachliche Richtung an (ich will später viel Geld verdienen und ein großes Auto fahren!). Dieses Beispiel ist eher frühkindlich anzusiedeln, aber bei Sechst- und Siebtklässlern tritt das schon anders auf; der eine Schüler begibt sich ganz in die Welt der Pferde, der andere wird ein Computerfreak.

Dabei schauen wir weniger auf deren Bewertung als auf die Richtung. Was interessiert einen? Wofür begeistert man sich? Der eine versteht in kürzester Zeit alles von Flugzeugen und Flughäfen, der andere will die Weltmeere vor dem Plastikkollaps retten. Dem einen ist Philosophie alles, dem anderen der Kursverlauf der Börsen. Die einen finden wahre Entspannung in einer künstlerischen Betätigung, die anderen beim Spaziergang oder einem Glas Bier. Der eine geht lieber ins Kino, der andere ins Museum. Jemand schreibt in seiner Freizeit – insgeheim – Gedichte, der andere hat unterm Dach – auch insgeheim – seine Eisenbahnanlage aufgebaut. Das alles hat für die Person selber volle Berechtigung: das sind seine Interessen.

Die Richtung der Interessen macht sichtbar, dass auch die Geschlechter beginnen, eine Rolle zu spielen. Die Pferdenarrheit im sechsten Schuljahr sieht man eher bei Mädchen als bei Jungen. Die Computerfreaks sind (fast) alles Jungen. Hier beginnen die Eigenarten der weiblichen und der männlichen Konstitution eine Rolle zu spielen, auch bei den Vorlieben der Seele, denn die ist auch männlich bzw. weiblich geprägt.

Steiner kritisierte scharf das pädagogische Ausnutzen eines Talentes für die Berufswahl. (Im Sinne von: Der Schüler hat große mathematische Fähigkeiten, also muss er Mathematik studieren.) Er meinte, dass die Schule die Schüler nicht in eine Richtung drängen solle, die von dessen Fähigkeiten vorgegeben ist. Es könne nämlich sein, dass jemand mit einer großen mathematischen Begabung seinem Schicksal nach gerade nicht Mathematiker werden soll, da er diese Fähigkeit ja bereits beherrscht. Das Umgekehrte aber kann auch der Fall sein: Jemand entdeckt im Unterricht die Liebe zu einem Fach und will es dann auch studieren, so dass die pädagogische Regel ist: Seine Talente können, aber müssen nicht über die Weiterbildung und Zukunft des Schülers entscheiden.

Die Interessen dagegen sind von geheimnisvoller

Herkunft. Wo stammen sie her? Sie sind sicher zum Teil soziologisch und genetisch bestimmt und haben etwas mit der Konstitution des Schülers zu tun. Trotzdem bleibt die Frage: wo kommt ein Interesse her? Warum will dieses Mädchen unbedingt immer wieder Schach spielen? Warum weiß eine andere Schülerin mit sechzehn Jahren, dass sie Sinologie studieren will und ihren Plan dann auch umsetzt?

Die Interessen können einen noch ganz unbewussten Trieb darstellen, etwas wie eine Hinführung zu einem Berufsbild, einem zukünftigen Beruf, der noch verborgen in den Tiefen ruht.

Wir sehen: Zwei große Wirklichkeiten können auf die Schüler der Oberstufe schicksalsbildend wirken: Die schulische Pflege eines weiten Interessengebietes (der Lehrplan) und die menschliche Begegnung. Nach der Auffassung der Waldorfschule sollten deswegen die Jugendlichen ein Anrecht auf eine *reiche Allgemeinbildung haben, die ihre Zeit braucht.*

Der ‹obere› und ‹untere› Mensch

Dieser Ausdruck gehört dem Sprachgebrauch der Anthroposophie an und er ist in seiner Klarheit nicht zu übertreffen. Jeder Mensch kennt Lebenssituationen, in denen er Lösungen finden muss, und jeder hat auch die Erfahrung gemacht, dass das Lösen einer Situation, sei sie negativ oder positiv, das eine Mal einfacher ist als das andere Mal. So kennt man aber auch Menschen, die es mit solchen Entscheidungssituationen leichter haben. Für andere sind sie eine fast unüberwindliche Aufgabe. Ist der Weg vom Vorsatz zur Umsetzung ein direkter oder liegen Hindernisse dazwischen?

Dieser Fragenkomplex berührt die (zukünftige) Integrität des Menschen. Die Waldorfschule versucht, ihre Schüler so zu erziehen, dass sie in die Lage versetzt werden, als Erwachsene eine Einsicht (oberer Mensch) auch durch entsprechende Handlungen realisieren zu können (unterer Mensch). Kann eine Erziehung dahin führen, dass wir wie von selbst ‹das Gute› tun? Die Waldorfschule strebt dies *nicht* durch das Mittel der Belehrung an, denn Belehrung ändert nur in seltenen Fällen Haltungen. In der (späteren) Handlungssicherheit liegt aber eine Kernaufgabe ihrer Pädagogik, und sie versucht, diese (zukünftige) Integrität auf dem Wege einer künstlerischen Erziehung vorzubereiten, denn sie geht davon aus, dass alle künstlerische Aktivität den ‹oberen Menschen› in den ‹unteren Menschen integriert›. Nun sind allerdings wenige Begriffe so missverständlich wie der des ‹künstlerischen Unterrichtes› – auch innerhalb der Waldorfwelt selber.

Der religiöse Mensch

Gert Biesta schreibt in seiner Abhandlung über Politik und Bildung, dass nach seiner Auffassung das Schulwesen drei Aufgaben hat: Kompetenzbildung, Sozialisation und, wie er es umschreibt, ‹Subjekt-Werdung›. Im anthroposophischen Sprachgebrauch würden wir sagen ‹Ich-Entwicklung›. Nun stellt er fest, dass da, wo

Bildung und Unterricht staatlich organisiert, finanziert und verantwortet sind, Bildung mehr und mehr sich nur auf die Kompetenzbildung orientiert, denn die ist prüfbar und daher kontrollierbar.

Sozialisation und Subjekt-Werdung, so Biesta, seien die eigentlichen Aufgaben, da sie die nachhaltigen ‹inneren Werte› ausmachen. Man kann diesem Gesichtspunkt viel abgewinnen. Wenn Lernen nicht nur als Kompetenzerwerb aufgefasst wird, sondern als ein Sich-einleben in die Welt und in die Gemeinschaft der Menschen, dann hat das Lernen eine verbindende Qualität. So gesehen hat das Lernen, wenn es alle drei Aufgaben umfassen will, auch eine religiöse Note. Alles, was mit Lernwillen, Ehrfurcht vor Mensch und Welt, Interesse, Staunen, Begeisterung zusammenhängt, weckt als Ganzes diese nicht konfessionell geprägte Religiosität. Das will sagen, in Waldorfschulen kann eine solche religiöse Note als ein leiser Grundton wahrgenommen werden.

Selbstverständlich werden die Schulen auf Bitten der Eltern auch einen regelrechten Religionsunterricht anbieten. Die konfessionelle Ausrichtung richtet sich nach dem Wunsch der Eltern, bis hin zu einem ‹freien› christlichen Religionsunterricht.

Zur Lektüre empfohlen:

1. Biesta, Gert (2012) Good education in an age of measurement; on the need to reconnect with the question of purpose in education. University of Stirling, UK

Der künstlerische Unterricht

Zur Unterstützung eines Verständnisses des künstlerischen Unterrichtes kann Folgendes behilflich sein. Vier Wirkungsfelder des Künstlerischen sollen hier zunächst unterschieden werden:

1. Die Lehrkräfte und ihr persönliches Verhältnis zur Kunst
2. Die Anwendung der Kunst im Unterricht
3. Die Erziehungskunst
4. Die Ästhetik

Mit dem Begriff ‹künstlerischer Unterricht› wird ein wesentliches Motiv der Erziehungskunst berührt, und die hier gegebene Gliederung kann als Hilfestellung gesehen werden, Aspekte des künstlerischen Unterrichtes zu beleuchten. Es ist selbstredend, dass in dieser Auflistung der dritte Punkt im Zentrum steht. Da für einen Sportlehrer künstlerischer Unterricht etwas anderes bedeutet als für eine Kindergärtnerin oder einen Chemie- oder Sprachenlehrer, müssen in diesem Punkt allerdings weitere Unterscheidungen vorgenommen werden.

Die Lehrkräfte und ihr persönliches Verhältnis zur Kunst

Schon bei den Andeutungen, die Steiner zu einer (damals zukünftigen) Lehrerbildung gab, hatte er großen Wert auf künstlerische Betätigung und Übung gelegt. Gerade im Sinne einer Integrität von ‹oberem› und ‹unterem› Menschen kann eine Lehrkraft schlecht etwas erreichen, wenn sie es nicht auf selbst Erreichtem gründen kann. Daher ist einer der Grundsätze, die Steiner formulierte: ‹Erziehung ist *immer* Selbsterziehung.›

Wer also in diesem Sinne Lehrer werden will, muss irgendwie seine künstlerische Ader entdecken und benutzen. Ein ‹künstlerisches Naturell› verhilft zur Geschmeidigkeit im Umgang mit Mitmenschen, Kindern, Schülern und Kollegen. Es regt im Denken die Phantasie an und hilft in der Methodik erfinderisch zu werden. Für den einen liegt es im Bildnerischen, für den anderen im Musikalischen oder im Dramatischen. Die zukünftige Lehrkraft wird sich, je nach Veranlagung und Neigung, einer künstlerischen Betätigung widmen. Zudem kann diese auch ein gesundes Gegengift gegen eine bürgerliche Lebenseinstellung sein.

Die Anwendung der Kunst im Unterricht

So eigenartig es klingt, so soll hier doch betont werden, dass Malen, Zeichnen und Plastizieren *nicht* die Essenz der Waldorfschule ausmachen. Trotzdem stellen sie ein bedeutendes Merkmal dar: Ein sauber und schön geführtes Epochenheft ist ein wichtiger Integrationsvorgang für die Schüler: was *gelernt* worden ist, ist auch *getan* worden. An diesem einfachen Beispiel ist die Wirkung der Integration zwischen ‹oberem› und ‹unterem› Menschen ersichtlich, man erkennt daran aber auch, wie der Epochenunterricht durch die Erfindung des Epochenheftes die ganzheitliche Erziehung ermöglicht: Das Gelernte wird tätig, nicht nur kognitiv verarbeitet.

Wenn die Kinder, später die Schüler, sich in immer komplexeren Formenzeichnungen üben, ist das ein Beitrag zur Entwicklung ihrer Gestaltungskraft. Das Malen ermöglicht ihnen, Stimmungen in Farben auszudrücken, und es bildet ohne Zweifel in der Seele eine Kraft aus, nicht flach und ‹eindimensional› zu erleben, sondern aufnahmefähiger für viele innere und äußere Eindrücke zu werden. Ähnliches könnte von den übrigen künstlerischen Aktivitäten gesagt werden.

Eine bekannte Kritik an den Waldorfschulen ist die, dass sie immer dieselben künstlerischen Schablonen benutzten, welche die freie künstlerische Äußerung verhindern und diese sich nicht entfalten ließen. Vom Gesichtspunkt des Ergebnisses aus kann man diese Kritik verstehen. Allerdings geht es bei dieser ‹Kunst› gar nicht so sehr um das Endprodukt, sondern um den Prozess seiner Entstehung. (Was nicht heißen will, dass vor allem in den höheren Klassenstufen nicht außergewöhnlich Schönes und Individuelles entstehen kann. In den Unterstufen ist es Erfahrung, dass trotz der sogenannten «Schablonen» der Kenner der Kinder an jedem Bild leicht das individuelle Moment eines Schülers sehen kann.) Ein Betrachter kann die Malereien an

den Klassenwänden als ewige Wiederkehr des Gleichen einstufen und sie daher ablehnen. Dem steht aber die künstlerische Betätigung gegenüber, welche auch an diesen Werken auf jeden Fall geübt wird. Und schließlich kommt Kunst von Können. Keinem Klavierübenden wird man die ewig selben Tonleitern verübeln.

Ein anderer Kritikpunkt betrifft das Verhältnis zwischen Kunst und Lernen in der Oberstufe. Vor allem die Oberstufenschüler selber leiden unter einem Übergewicht an Kunst, wenn das Lehrerkollegium nicht für die richtigen Verhältnisse zwischen intellektueller Beanspruchung und künstlerischer Betätigung Sorge tragen kann. Dieses Problem kann wegfallen, wenn die Oberstufen um das richtige Maß bemüht sind. Dieses liegt in der Individualisierung des künstlerischen Angebotes in der Oberstufe.

Die Erziehungskunst

Sie bildet das Herzstück dieser Pädagogik. Damit ist ein Unterricht gemeint, der atmet, einer, der pulsiert zwischen Konzentration und Entspannung, zwischen intensivem Zuhören und Eigenaktivität, ein Unterricht, der Steigerungen kennt, indem er sich dem Thema annähert, es darstellt und dann vertiefend bearbeitet. Nebenthemen kommen hinzu, auch Momente der Besinnung, der Eigenaktivität, aber auch der Gruppenarbeit. Kurz, der Unterricht hat die Gestalt eines Atmungsvorgangs.

Es ist wie in der Musik bei der Sonatensatzform: das Material wird dargestellt (Exposition), bearbeitet (Durchführung), es kommt zu einer gesteigerten Wiederholung (Reprise) und endet mit dem Abschluss (Koda). Es ist nicht übertrieben, die Gestalt eines gelungenen Unterrichtes mit solchen musikalischen Formgesetzen zu vergleichen. In den höheren Schuljahren wird der Abschluss am nächsten Tag stattfinden und zur Begrifflichkeit des zu Lernenden führen.

Wer so seinen Unterricht ‹komponiert›, von dem kann man sagen, er sei ein ‹Unterrichtskünstler›. Der Unterricht findet nicht längs der Zeitschiene der biologischen Zeit statt, sondern hat eine Gestalt, einen ‹musikalischen› Plan; das Erleben der Zeit wird dynamisch, elastisch. Deshalb ist auch der Anfang des Unterrichtes so bedeutend: Können die Schüler spüren, es will etwas werden? Oder ist es dasselbe wie gehabt? Hiervon hängt viel ab. Erfühlen die Schüler, dass etwas werden will, sie aber noch nicht wissen, was – aber es ‹hängt in der Luft und wird sich bald zeigen› –, dann hat der Unterricht ein ganz anderes Gepräge als wenn man sich immer an denselben Unterrichtsmerkmalen entlanghangelt. Wenn ein intrinsischer (ein von innen motivierter) Unterricht entstehen will, sind das seine

Bedingungen. In diesem Sinne kann dann auch vom Erziehungskünstler gesprochen werden.

Eine Wirkung einer solchen atmenden Arbeitsweise besteht darin, dass Fragen der Unterrichtsdisziplin in den Hintergrund treten. Die Schüler erleben sich in einem Strom der Sinnhaftigkeit. Hat die Lehrerschaft sich daneben auch den Blick angeeignet, die Kinder, die Schüler und jungen Leute nicht als Masse zu erleben, sondern den Blick auf jedes Individuum so zu richten, dass ein individuelles Verhältnis entstehen kann, ist ein Idealzustand der Erziehungskunst erreicht.

Auch hier ist das Ideal geschildert. Man kann der Überzeugung sein, dass dieses notwendig ist, damit eine Orientierung gefunden werden kann, die zur Identität der Erziehungskunst führt. Es wird wohl gesagt, dieses Ideal sei zu hoch gegriffen. Aber nach unserer Überzeugung kann dem entgegengesetzt werden, dass das Erreichen der Erziehungskunst sicher eine Sache des Könnens ist, mehr noch aber eine Sache der Haltungen, zu denen man sich verpflichtet. Eine dieser Haltungen – die Schüler erkennen sofort, wenn er an- oder abwesend ist – ist der Enthusiasmus. In der Waldorfschule geht nichts ohne einen gegründeten und begründeten Enthusiasmus.

Die Ästhetik

Abschließend sei der vierte Aspekt des Künstlerischen angesprochen. Wie schon an anderer Stelle dargestellt, kann man es ein Kinderrecht nennen, in einer ästhetisch gepflegten Umgebung aufzuwachsen. Schließlich halten sich die Schüler über wichtige Jahre ihrer Entwicklung hin in ein und derselben Umgebung auf. Form und Farbe, ‹die Geste›, die einem Gebäude zugrunde liegt, graben sich tief in das unbewusste Erinnerungspotenzial der Schüler ein. Sie geben der Seele eine Grundstimmung mit für das Leben.

Es ist dabei nicht so sehr von Bedeutung, ob die gepflegte, schöne Umgebung, in welcher der Unterricht stattfindet, *unseren* ästhetischen Idealen entspricht. Von Bedeutung ist vielmehr, ob die Umgebung im Sinne einer Ästhetik auf die Kinder und Schüler wirken kann.

An der Schnittstelle von Kunst und Handwerk haben die Waldorfschulen Bedeutendes entwickelt. Diese Entwicklung nahm ihren Anfang mit der von Klaus Fintelmann initiierten Hibernia Schule in Wanne-Eickel. Der Schöpfer dieser Waldorfschule hatte die tiefe Überzeugung, dass die intellektuelle Erziehung zusammengehen müsse mit handwerklichen Fertigkeiten im Sinne des oben Dargestellten. Viele Generationen von Schülern haben diese Schule absolviert, einerseits mit einem Abiturzeugnis in der einen Hand und beispielsweise einer Gesellenprüfung für Maschinenschlosser in der anderen Hand. Eine Anzahl Waldorfschulen hat diese Idee in individuell abgewandelter Form übernommen. Heute entstehen in diesen Schulen häufig neben der Normalform Berufskollegs, aber es gibt immer noch Waldorfschulen mit großen Werkstätten, in denen auch Auftragsarbeiten von den Schülern hergestellt werden – und das alles neben dem übrigen Unterricht.

Technik und Erziehung

Vor nicht allzu langer Zeit kursierte unter Waldorf-eltern der Witz, wenn der Klassenlehrer zu Besuch kommt, solle man den Fernseher mit einem Tischtuch zudecken und sagen: ‹Wir schauen kein Fernsehen!› Der Waldorfschule wurde von alters her eine gewisse Technikfeindlichkeit unterstellt. Tatsache ist, dass man in den Waldorfschulen darüber nachzudenken versucht, welche Rolle die Technik in der Erziehung spielen soll und kann. Die Technologie als Lehrgegenstand regt ebenfalls dazu an.

Das Ergebnis dieser Erwägungen kann so zusammengefasst werden: Es wird der Versuch gemacht, die Technik und ihren Gebrauch so einzuführen, dass die Nutzer (in diesem Fall die Schüler) möglichst Herr der Sache bleiben und keine Technikabhängigkeiten entstehen. Es wäre zu untersuchen, wie erfolgreich die Schulen dieses Ziel umsetzen. Eine solche Untersuchung ist aber nicht leicht, da die Techniklandschaft, namentlich die der Medien, sich schnell verändert. Anfang 2014 wurde bereits prognostiziert, die sozialen Medien Facebook und Twitter seien bereits veraltet und Whatsapp sei das Gebot der Stunde.

Man kann zu diesem Fragenkomplex zwei extreme Haltungen auffinden: Die eine bekämpft diese Möglichkeiten der Technik, um die Schüler davor zu ‹schützen›, die andere nimmt sie völlig an. Die erste Haltung kann man an den amerikanischen Waldorfschulen beobachten, wo die Eltern tatsächlich gebeten werden, den Gebrauch der elektronischen Medien in der Kinderzeit zu begrenzen (es ist dort Teil des Schulprofils). Die zweite Haltung sieht man zum Beispiel an den holländischen Waldorf-Oberstufen, wo die elektronischen Medien in das Leben der Schule und den Verkehr zwischen Schülern und Schule integriert werden.

Es gibt an den Waldorfschulen keine Technikfeindlichkeit, wohl aber eine Besinnung auf die Frage, was Sinn macht und was innerhalb der Erziehung das rechte Gleichgewicht ist zwischen Zeitgenossenschaft und Gesundheit. Denn Erziehung ist *nie* beliebig; alles in der Erziehung hat über kurz oder lang eine *Wirkung*.

Dass die Schulen damit nicht falsch lagen, zeigen die Arbeiten von Manfred Spitzer ‹Vorsicht Bildschirm› und ‹Digitale Demenz›. Diese Publikationen sind auch deswegen interessant, weil sie zeigen, dass im Wissenschaftsbetrieb sehr viel mehr über die Wirkung der Medien bekannt ist, als diese Medien selbst einem großen Publikum (oder der öffentlichen Meinung) gewillt sind, bekannt zu geben. Heute gehört es zu den Aufgaben der Schulen, Schülern ‹Medienkompetenz› zu vermitteln. Diese Kompetenz wird nur wirksam erlangt, wenn das Wissen zu einer Haltung der Handhabung (Kompetenz) wird. Aufklärung alleine wird unter Umständen das Gegenteil bewirken.

In der deutschsprachigen Schulbewegung haben sich Heinz Buddemeier, Rainer Patzlaff und Uwe Buermann um diese Aufklärung verdient gemacht.

An manchen Waldorfschulen beginnt der Computerunterricht damit, dass die Schüler in der Technologie, aber auch in der Mathematik Computersprachen und die Grundlagen des Programmierens lernen. Einzelne Schulen haben sogar ihre Neuntklässler Schaltungen löten lassen, womit addiert und subtrahiert werden kann. Das angestrebte Ziel ist auch hier: Wenigstens in den Anfängen zu verstehen, was in der ‹black box› Computer vorgeht. Ein typisches Waldorfmerkmal: Wissen wollen, was wie funktioniert.

Es ist Aufgabe einer Schule, Suchtverhalten *keinen* Vorschub zu leisten. In der Regel wird bei Sucht an Substanzabhängigkeit (Alkohol, Drogen) gedacht und dabei weniger bedacht, dass auch Gewohnheiten zur Sucht werden können. Diese Gewohnheitssüchte gewinnen aber immer mehr an Aktualität. Wer steuert hier wen?

Der menschengemäße Umgang mit der Technik und das Vermeiden von Suchtverhalten ist ein Merkmal der Waldorfschulen. Inwiefern sie damit erfolgreich sind, hängt von der Möglichkeit, mit den Elternhäusern in dieser Sache zusammenzuarbeiten, ab.

Zur weiteren Lektüre empfohlen:

1. Hübner, E. (2001) Mit Computern leben. Kinder erziehen – Zukunft gestalten. Stuttgart/Berlin
2. Patzlaff, R. (2001) Der gefrorene Blick. Stuttgart
3. Spitzer, M. (2006) Vorsicht Bildschirm. dtv
4. Spitzer, M. (2012) Digitale Demenz. Droemer

Die Quellen

Die Erziehungskunst entsprang dem Genie Rudolf Steiners. Die Bildungswissenschaft hat viele ihrer bedeutenden Ansätze immer wieder erörtert und dargestellt. Wir müssen aber ehrlicherweise feststellen, dass sie es nie zu einer wirklichen gründlichen Reform des Bildungswesens gebracht hat. Was sie geleistet hat, ist die Perfektionierung des Bekannten in Richtung eines ergebnisorientierten Unterrichts, der sich nicht viel um die Entwicklungsgesetze der Kinder kümmert. Leistungsgesellschaft macht Leistungsschulen. Wir wagen es, diesen Trend zu hinterfragen.

Gerade die (wenigen) wissenschaftlich orientierten Kritiker der Waldorfschule könnten das fairerweise einmal eingestehen und artikulieren: Bis heute stellt die Waldorfschule das einzige einheitlich neu gestaltete Unterrichtsmodell für das ganze Spektrum vom Kindergarten bis zur Hochschulreife dar; und das in 56 Ländern. Ihre Quelle ist die von Steiner formulierte Erziehungskunst. Diese ist niedergelegt in zahllosen Vorträgen, die die Zeitspanne von 1902 bis 1924 umfassen und die einem Grundlagenkurs ähnlichen Charakter bekamen, als die erste Waldorfschule gegründet wurde. Diese Grundlagen sind dem Erkenntnisstreben der

Anthroposophie verpflichtet, welche unter anderem eine stark erweiterte Auffassung dessen umfasst, was wir unter Menschsein verstehen. Sie umfasst auch den Ansatz, Grundfragen des Seins zu diskutieren: Wo kommen wir her, wo gehen wir hin? Steiner weist Wege des Vertrautwerdens mit dem Vorgeburtlichen und Nachtodlichen, so wie das vor noch gar nicht so langer Zeit in den Philosophien des Deutschen Idealismus ganz selbstverständlich war. Die Idee der Wiederverkörperung zum Beispiel findet sich bei Lessing, Schelling, Goethe und Herder.

Ansichten über das Vorgeburtliche und das Nachtodliche unterliegen heute zumeist noch der ‹Autorität› religiöser Überzeugungen, die bestimmen, ob Gedanken, die über die Grenzen des irdischen Lebens hinausreichen, abzuweisen oder anzunehmen sind, denn sie befinden sich ja im Felde des Glaubens. Es bedarf einer intellektuellen Unabhängigkeit, solche Gedanken für sich selbst zu prüfen, sich zu fragen, könnte es denkbar sein? Gibt es Wege eines Evidenz-Erlebens, der individuellen Prüfung solcher Vorstellungen und Konzepte?

Steiner hatte zeitlebens die Hoffnung, die ‹scientific community› würde seine Forschungen auf dem Felde des Geistigen ernst nehmen und aus ihrer Sicht ergänzen. Er musste aber erleben, dass es diese Bereitschaft nicht gab. Die Wissenschaften schotteten sich innerhalb ihres begrenzten Wissenschaftsbegriffs ab. Im Allgemeinen betrachtet fehlt diese Bereitschaft bis heute.

Wir sehen in Steiner einen modernen Initiierten, wie man sie auch erblicken kann in manchen anderen bedeutenden Persönlichkeiten des 20. Jahrhunderts, zum

Beispiel dem Generalsekretär der Vereinten Nationen, Dag Hammerskjöld. Beide hatten die Möglichkeit, die Welt der Ursprünge schauend zu betreten und diese mit dem diesseitigen Bewusstsein zu schildern. So konnte Steiner eine große, gewaltige Kosmogonie beschreiben, die für den nicht Schauenden, aber Zuhörenden wie eine ‹große Erzählung› klingt. Eine Erzählung gewaltiger Zusammenhänge der Sinnhaftigkeit, intellektuell in hohem Maße befriedigend für den nach Sinn lechzenden Menschen, der sich aus der Verengung der nur naturwissenschaftlichen Sichtweise befreien möchte.

Die Anthroposophie ist nicht gegen eine naturwissenschaftliche Sichtweise. Sie meint aber, diese Sichtweise sei alleine nicht ausreichend, um die Welterscheinungen und -rätsel zu erklären. Sie zeigt Wege auf, die notwendig zu ergänzende, zweite Hälfte der Wirklichkeit wahrzunehmen, zu erkennen und zu beschreiben. Es entsteht so eine Auffassung des Menschen, die über das nur Sichtbare hinausgeht und zu einem Prinzip im Menschen kommt, das ‹Leben› hervorbringt. Was die Physiologie auch zutage gefördert hat und noch fördern wird: das Leben selbst ist und bleibt ein Rätsel, unzugänglich für eine nur naturwissenschaftliche Betrachtungsweise. (Eigentlich geziemt es der Wissenschaft, diese Lücke in ihrem Wissen und in ihren Erklärungsmustern zu erkennen.)

Desgleichen gilt für die Frage nach der Innerlichkeit des Menschen, nach der Seele. Wenn der Mensch *nur* ein genialer biochemischer Reaktor wäre, wo ist dann der Sinn des Lebens? Wo der Sinn der Biographie? Wenn Liebe *nur* eine Angelegenheit wild gewordener

Hormone ist und nicht eine geistige Seite hat: was ist dann der Sinn von Empathie, Nächstenliebe, Mitleid und Glück? Und warum versucht der Mensch, eine Biographie zu gestalten, die die seine ist? Das kann doch nur einen Sinn haben, wenn der Mensch, so wie er erscheint, *auch* eine geistige Identität hat, die ihre Existenz vor der Geburt hat und nach dem Tod haben wird; denn warum erkennen wir sonst den Sinn eines Lebens an den Taten der Biographie?

Mit diesen Fragen haben wir die Idee des viergliedrigen Menschen versucht zu skizzieren. Dieser existiert auf Erden leiblich und trägt in sich das Lebensprinzip. Dort hinein verkörpert sich eine erlebende, lernende, sich entwickelnde Seele. All dies wird zusammengefasst von seiner geistigen Individualität, seinem Ich.

Die Entwicklung dieser vier Glieder des Menschen findet nicht gleichzeitig statt. In der frühen Kindheit überwiegen die leibliche Entwicklung und die der Lebensfunktionen, erst dann beginnt langsam die seelische Entfaltung; sie kann nie vor der leiblichen da sein. Und die Selbstfindung, dass man sich als selbstbestimmter Mensch erlebt, braucht zur Entfaltung eine weitere Zeitspanne – bis um das Ende des zweiten Jahrzehnts herum. Es ist wie bei der Entfaltung einer Pflanze, sie braucht für das Wachstum bis zur Blüte und Samen ihre Zeit. Die Ähre reift nicht schneller, indem man an ihr zieht. Betrachtet man die Tatsachen menschlicher Entwicklung in diesem Licht, kann man sich vorstellen, was das für Konsequenzen für eine menschen- und kindgemäße Pädagogik hat.

Es bedeutet aber auch, dass das Nicht-Sinnliche nicht Nichts ist, sondern erfüllt von Sinn und Wesenhaftigkeit. Die Anthroposophie und die darauf aufgebaute Erziehungskunst suchen nach der Integration beider Welten, und zwar aus der Überzeugung heraus, dass Menschsein sich so qualitativ besser gestalten lässt als nur aus der diesseitigen Perspektive. Das heißt *nicht*, dass diese menschenkundlichen Grundlagen den Schülern vermittelt werden oder die Eltern aufgefordert seien, diese auf Glauben hin ‹anzunehmen›. Das ist nicht der Fall, und es ist auch nicht intendiert. Intendiert ist aber, aus der Anthroposophie und der Erziehungskunst heraus für Erziehung und Bildung Mehrwerte zu erzeugen, weil wir meinen, in der Erziehung käme es vor allem auf diese an. Nun ist das Merkwürdige, dass heute von der Wissenschaft wohl bestätigt wird, dass eine nur funktional wissensvermittelnde Erziehung nicht das ist, was der werdende Mensch braucht. Zu praktikablen Änderungen und Vorschlägen hat sie es aber noch nicht gebracht.

Wie dem auch sei, dieses «Gespräch auf Abstand» zwischen dem vollkommen neuen Erziehungsansatz der Waldorfschulen und der traditionellen Erziehungsweise wird wohl noch eine Weile fortgesetzt werden.

Die erweiterte Auffassung von dem, was Menschsein bedeuten kann, schlägt sich unter Anderem auch darin nieder, dass auf Gesetzmäßigkeiten in der Entwicklung des Menschen aufmerksam gemacht wird. Diese finden dann Anwendung in der Pädagogik wie auch in der Methodik und im Lehrplan. Methodik und Lehrplan spiegeln die Anforderungen der Entwicklung, in denen das Kind sich befindet, wider. Sie haben urbildlichen Charakter und sie sind offen formuliert, so dass in *dem Sinne* Weiterentwicklung stattfinden kann und stattgefunden hat. Die Zahl der Publikationen, die den Lehrplan weiter ausgearbeitet und erweitert haben, ist sehr groß, wobei diese Weiterentwicklung auf internationaler Ebene stattfindet. Es gibt einen konstanten Strom von Forschungen, die Pädagogik, Methodik und Lehrplan zum Gegenstand haben, und auch die empirische Forschung widmet sich der Waldorfpädagogik und ihrer Praxis.

Dessen ungeachtet hat es lange gedauert, bis ein hartnäckiges Missverständnis behoben werden konnte, nämlich dass Waldorfschulen ‹Anthroposophenschulen› seien. Schlussendlich wurde dieses Missverständnis behoben durch die oben erwähnte empirische Forschung. Auch die Kirchen (im engeren Sinne deren Sektenbeauftragte) taten sich schwer mit der Idee, dass eine aus dem anthroposophischen Geist entstandene Idee in ihrer Auswirkung allgemein menschliche Qualitäten wie Toleranz, Interesse, Sozialfähigkeit und die Fähigkeit, sich selbst zu bestimmen, fördern könne. Die Kirchen haben es nie eilig gehabt, Missinterpretationen, Falschaussagen, Vorurteile oder Stigmatisierungen anderer zu korrigieren.

Herausforderungen der Gegenwart und Zukunftsfähigkeit

Wie schon eher betont, ist die hier vorgelegte Schilderung der Waldorfpraxis dem Ideal verpflichtet, um eine Orientierung zu haben, was «Waldorf» eigentlich meint und was nicht. Nun ist es aber auch wahr, dass jede Schule so gut ist wie ihre Lehrer. Die Ansprüche, die die Steiner'sche Erziehungskunst stellt, sind hoch, aber erreichbar. Trotzdem kommt es bei Schülern und Eltern vor, dass sie sich enttäuscht von der Waldorfschule abwenden. Die Ideale, mit denen sie sich der Schule näherten, wurden nicht erfüllt oder durch negative Erfahrungen verdeckt. Es wird dann eine Verflachung, eine Entidealisierung, manche sagen sogar Entideologisierung wahrgenommen. Wäre aber dieses neue Erziehungsparadigma der Waldorfschulen eine Ideologie, dann wäre die Abschaffung einer solchen längst an der Zeit. Die Idee dieser Schule versteht sich aber als ein Ideal, denn ihre Rechtfertigung liegt *nur in einer erfolgreichen Praxis*. Diese ist das *einzig* Entscheidende. Sie bringt jede Theorie zum Schweigen: Führen diese Schulen ihre Schüler so in das Leben ein, dass die Erziehung nachhaltig, die *Gesundheit* fördernd und nicht schädigend wirkt? Ist eine Methodik gewährleistet, die den

Fähigkeiten und *Möglichkeiten* der Schüler entspricht? Ist *Interesse* an Mensch und Welt, sind *Sozialfähigkeit* und eigenständige *Lebensgestaltung* erübt und zu Fähigkeiten geworden? Das sind die entscheidenden Kriterien, die die Qualität der Schule letztendlich ausmachen. Diese anzustreben steht heute einiges im Wege.

Externe Herausforderungen

Es ist ein weltweiter Trend, alle Bildung auf die Optimierung weniger Fähigkeiten zu begrenzen. Daraus ergibt sich eine Leistungsspirale, die sich höher und höher schraubt. Das klassische Beispiel dafür sind die PISA-Erhebungen. Keiner fragt mehr, ob sie auch im Sinne der Kinder sind, die diese Leistungen erbringen müssen. Manche Schulen haben ihre Schüler auf Pisa trainiert, damit ja gute Ergebnisse herausgepresst würden. Das hat mit wirklichem Lernen wenig zu tun, denn auf diese Weise Gelerntes ist nicht nachhaltig. Trotzdem ist von einer ‹Wissensgesellschaft› die Rede. Tatsache des wirklichen Lebens ist und bleibt dagegen, dass die meisten Berufe ein tätiges Können voraussetzen und nicht alleine theoretisches Wissen.

Die Waldorfschulen vertreten hier eine Gegenposition, so wie sie in all diesen Angelegenheiten fast immer eine Gegenposition vertreten, denn ihr Maßstab ist das Wohl und die individuelle Entfaltung der werdenden Menschen; diese stehen im Mittelpunkt, nicht jeder beliebige Trend.

Manchmal wird dieses Immer-gegen-den-Strom-

Schwimmen innerhalb der Waldorfschulen als ermüdend erfahren und man wünscht sich einen normalen Alltag und Verständnis für sein Streben. Es ist halt das Schicksal einer Pädagogik, die von sich behauptet, *neue* Wege gehen zu wollen. Man kann sogar sagen, die Waldorfschulen statuierten ein neues Paradigma in der Erziehung. Ein Erziehungsparadigma, das Lernen und individuelle Entfaltung vereint.

Das Verhältnis Staat – Schule

Die Waldorfschulen erleben sich als im Auftrag einer Zivilgesellschaft stehend: Freie, mündige Menschen (Eltern) wollen eine bestimmte Erziehung für ihre Kinder. Die deutsche Verfassung, die nach dem Zweiten Weltkrieg angenommen wurde, bietet dieser zivilgesellschaftlichen Aufgabe Möglichkeit und Raum, sie für einen anderen Bildungsansatz zu nutzen. Diese Möglichkeit wird von den Schulen in freier Trägerschaft bisher wahrgenommen. Sie kann aber weiter ausgeschöpft werden.

In anderen Ländern Europas ist dieser Raum bedeutend enger, in manchen Ländern so eng, dass die Identität der Waldorfschulen sich nur fragmentarisch durchsetzen kann.

Abschlüsse und Prüfungen

Die Idee der Waldorfschule kann gar *nicht* gegen Prüfungen sein, denn das ganze Leben besteht ja aus Prüfungen. Dadurch aber, dass der Staat die Prüfungsinhalte immer stärker bestimmt, bis hin zu detaillierten Vorgaben, droht der eigene Lehrplan mehr und mehr zu schrumpfen. Da er aber ein Entwicklungslehrplan ist, kann er nicht einfach zur Seite geschoben werden, ohne die Identität der Schule zu gefährden. Außerdem stände dann die Tür zu einem Oberstufenunterricht weit offen, der auf die Sicherung der Abschlüsse orientiert ist statt auf das, was die Schüler eigentlich brauchen: Inhalte, die Interesse wecken, durch die ein Zugang zum Verstehen der Welt entsteht und die sie in ihrer Individualisierung fördern. Dieses Problem ist zwar zu lösen, braucht aber einerseits ein starkes Bewusstsein von der eigentlichen Aufgabe der Schule und andererseits energischen Mut und Phantasiekraft, das Unvereinbare zu vereinen.

An manchen Schulen wird deshalb mit Portfolio-Abschlüssen experimentiert, während gleichzeitig eine Gruppe von Kollegen versucht, ein in Europa anerkanntes Waldorf-Abitur mit Hochschulberechtigung zu entwickeln – vergleichbar dem Internationalen Bakkalaureat. In der Schweiz ist das Abschlussproblem durch eine kantonal anerkannte schulinterne Maturität gelöst, die die Inhalte des Waldorfschullehrplans zu großem Teil aufrechterhält. Die meisten Schulen werden aber ihrer gesellschaftlichen Aufgabe der Abschlüsse dadurch gerecht, dass sie die gängigen Abschlüsse anbieten und versuchen, die Vorbereitungen dazu so vernünftig es geht in den Schulalltag zu integrieren; mit den geschilderten Risiken.

Interne Herausforderungen

Struktur und Impuls

Jede Idee, die Ideal werden will, braucht ein Gefäß, eine Struktur, in der sie sich verwirklichen kann. Ohne ein solches Gefäß bleibt die Idee nur Idee. In Bezug auf dieses Verhältnis zwischen Idee und Form ist ein Trend wahrzunehmen, der weltweit sichtbar und wirksam ist, und zwar der der Dominanz der Form über die Idee. Strukturfragen sind zu Inhaltsfragen geworden. Viele inhaltliche Fragen werden durch Formen und Strukturen beantwortet oder ersetzt. Für alles gibt es ein Protokoll, eine ‹policy›, eine festgelegte Handlungsweise. Das gesellschaftliche Leben erfährt darin eine Überstrukturierung aller Teile ihres Daseins. Man kann das in der Politik, im Sicherheitswesen, im Gesundheitswesen, in der Wirtschaft, in der Bildung und in vielen anderen Bereichen beobachten. Der Trend ist auch in den Waldorfschulen wahrnehmbar. Überformung der alltäglichen Abläufe. Dass damit eine immer wachsende Bürokratie einhergeht, ist selbstredend. Eine aktuelle Pädagogik braucht aber Freiräume, auch für die ausführende Praxis. Freiräume der Entscheidung, der Tat, der Form. Werden diese Freiräume zu stark eingeschränkt durch ein zu dichtes Regelwerk, erstickt das die Pädagogik. Dieses Regelwerk wirkt erstarrend auf das Leben der Schule. Es ist wichtig, dass Idee, Impulsierung und Form zueinander im richtigen Verhältnis stehen, damit ein freies, handlungsfähiges Arbeiten möglich wird. Und dass die Formen immer

Ausdruck der Idee sind. Dieses Gleichgewicht bildet die Luft, in der die Pädagogik atmen kann. Wird dieses Gleichgewicht nicht gefunden, führt die Erstarrung unweigerlich zu dogmatischem Verhalten der Schule. Der Weg hin zur Abschottung ist dann nur noch ein kurzer. Dogmatismus und sektenhaftes Verhalten sind Fremdbestimmungen, die dem Wesen der Waldorfschule widersprechen. Gerade im Bildungswesen ist dieses Gleichgewicht von Bedeutung, denn es braucht ein gewisses Gewohnheitsleben. Für den alltäglichen pädagogischen Betrieb sind gute Gewohnheiten ein Segen. Sie bedürfen der bewussten Pflege. Versickert die bewusste Pflege, werden die Gewohnheiten zur Plage. Eine Ritualisierung des pädagogischen Alltags schwebt dann in Gefahr, ihrem Wesen nach zu einer falsch eingeschätzten Routine zu werden. Der geneigte Betrachter wird dann gerne nach dem Warum, Wie und Wieso fragen wollen. Lehrer sollten sich immer wieder solche Fragen stellen.

Beliebigkeit

Waldorfschule ist nicht beliebig. Sich ihrer Pädagogik, ihrer Methodik, ihrem Entwicklungslehrplan verpflichten, heißt Waldorflehrer sein. Da in der Anthroposophie alles auf Freiheit gebaut ist, kann auch das, was Bedingungen des Berufs sind, im freien Ermessen aufgenommen oder abgewiesen werden. Das ist die Herausforderung der Arbeitsfelder, die auf den Ideen der Anthroposophie beruhen. Sie stellt *kein* geschlossenes System von zu befolgenden Handlungen dar, sie baut ganz auf die in Freiheit erworbene Einsicht auf. Sehen die Lehrkräfte den Mehrwert ihrer Arbeit durch die anthroposophischen Ideen ein und sind sie gewillt oder in der Lage, diese umzusetzen?

Durch diese freiheitliche Verfasstheit kann Beliebigkeit auftreten. Sie beginnt schon in harmlosen Formulierungen wie ‹ich sehe das anders› oder ‹da hab' ich eine andere Meinung› oder in der oft geäußerten Ansicht ‹jetzt leben wir in einer anderen Zeit›. Jede Pädagogik *muss* sich die Frage stellen und sie auch beantworten, ob das *Moderne* auch wirklich das *Zeitgemäße* für die Pädagogik darstellt. (Unter «zeitgemäß» möchte ich hier die richtige Tat zum richtigen Zeitpunkt verstehen.)

Verbürgerlichung

Man wünscht keinem Kind oder Schüler eine pädagogische Umgebung, die man als ‹spießig› bezeichnen muss. Man wünscht sich ein lebendiges, abwechslungsreiches Geschehen, erfrischende Einfälle, originelle Begegnungen und anregende Gesichtspunkte. Wenn die oben beschriebenen Einseitigkeiten Raum greifen, kann der pädagogische Betrieb allerdings einen zu bürgerlichen Duktus erhalten. Ein solcher Duktus verschafft allen Tagen dieselbe Routine. Der eine Schultag ist dem anderen zum Verwechseln ähnlich. Der Umgang zwischen Lehrern und Schülern ist gut geregelt, aber er ist irgendwie grau geworden, so auch zwischen dem Lehrkörper und den Eltern. Ein Nebeneffekt dieser Haltung ist, dass sie keine transparente Führung zulässt. In einem solchen Umfeld gedeihen die unsichtbaren und unerfreulichen Machtstrukturen, die viele ‹Kollateralschäden› verursachen und Eltern zur ohnmächtigen Weißglut treiben.

Jeder Mensch beginnt den Tag mit einer geheimen Erwartung: Was wird der neue Tag bringen? Wird er der Mühe wert sein? Sicher wird man am Abend bewusst oder unbewusst den abgelaufenen Tag beurteilen. Hat er etwas gebracht? War er es wert, ihn gelebt zu haben? Dies sind die Gedanken eines Erwachsenen, aber wie oft sieht man in den zur Schule eilenden Kindergesichtern die frohe Erwartung des Kommenden? Es ist im schönsten Sinne kindlich, sich auf den kommenden Tag zu freuen. Und wohl der Schule, die es fertigbringt, die Kinder und Schüler befriedigt durch die Erlebnisse des vergangenen Tages nach Hause gehen zu lassen.

Der soziale Auftrag

Jemand will Bäcker werden. Sie oder er durchläuft die dafür notwendigen Ausbildungen. Dann kommt der Moment, selbständig zu werden. Der frisch gekürte Bäcker leiht sich Geld und eröffnet eine Bäckerei. Er backt das Brot nach den geltenden Vorgaben, aber auch nach seiner oder ihrer Vorstellung dessen, was gutes Brot sein soll. Die Arbeit ist vielfältig und er oder sie muss sich nach Personal umsehen, das im Geschäft die Kunden bedient oder früh morgens beim Backen hilft. Der Bäckerei geht es gut, denn das Brot ist ausgezeichnet, die Bedienung freundlich. Alles stimmt. Die Bäckerei wächst, der Bäcker muss sich um die Ladengestaltung kümmern, um die Buchhaltung und um die Erweiterung seiner Produktpalette. (Später, als das Geschäft mehr als zehn Mitarbeiter beschäftigt, stellt er einen Buchhalter in einer 50-Prozent-Stellung an.) Er oder sie schließt sich dem Verein Selbständiger Bäcker an, denn dort bekommt er Anregungen, wie das Geschäft effizienter geführt werden kann. Er übernimmt die Anregungen, die zu seinem Geschäft passen, aber er bleibt Herr seines Ladens und verantwortlich für das Brot, das gebacken wird, auch wenn er viele Arbeiten und Verantwortlichkeiten mit anderen zu teilen beginnt.

Das ist das eine Bild. Nun ein anderes.

Jemand will Bäcker werden. Sie oder er durchläuft die dafür notwendigen Ausbildungen. Dann kommt der Moment, selbständig zu werden. Der frisch gekürte Bäcker wendet sich an eine Großbäckerei, diese stellt ihn ein und er bekommt, da die Papiere ausgezeichnet sind, eine Filiale zugewiesen, die er führen kann. Das Geschäft geht gut, aber über das Brot, das er zu verkaufen hat, hat er nichts zu sagen, denn er darf es nur fertigbacken: Die Produkte werden backfertig geliefert. Für die Einrichtung des Geschäftes kommen Spezialkräfte, die diese Aufgabe besorgen, in alle 120 Filialen der Großbäckerei. Sie statten das Schaufenster je nach Jahreszeit geschmackvoll aus. Auch die Buchhaltung wird von der Zentrale aus besorgt sowie die Anpassungen an das Sortiment.

An diese Beispiele soll sich keine Bewertung knüpfen, denn auch eine Großbäckerei kann ausgezeichnetes Brot liefern. Sie sollen aber Steiners Ansatz in Bezug auf die Idee der *Selbstverwaltung* verdeutlichen: Das erste Beispiel veranschaulicht eine ganz einfache, häufig vorkommende Form der Selbstverwaltung. Denn man könnte sagen, Brot sei so wichtig für das Wohlergehen der Menschen, dass es nur von denjenigen gebacken werden soll, die dafür auch ganz Verantwortung übernehmen können. (In unserem Beispiel steht der Bäckermeister für das Kollegium der Schule.) Steiner war tatsächlich der Meinung, die Bildung sei so wichtig, dass sie nur durch diejenigen vermittelt werden dürfe, die sie selbst verantworten. Diese Verantwortung darf nicht anonymisiert werden durch die Methodenindustrie oder durch Politiker, deren Prioritäten ganz woanders liegen können als auf Schule und die – falls ihre Priorität schon auf der Bildung liegt – zumeist von allen ‹Filialen› dasselbe erwarten.

Kurz, Steiner verband mit der Idee neuer Bildungseinrichtungen auch die Idee einer neuen Verwaltung, nämlich die der Selbstverwaltung. Wer an solchen Schulen wirken wolle, solle auch Schritt für Schritt verantwortlich sein für alles, was von der Einrichtung ausgeht, so wie der Bäckermeister verantwortlich ist für das ganze Auftreten seines Geschäftes, vor allem aber für die Qualität des Brotes.

Die beiden Beispiele sollen in vereinfachter Form den Grundgedanken der Selbstverwaltung deutlich machen. Man könnte sich denken, dass alle sozialen Berufe, bei denen also der Gegenstand der Berufsausübung der

Mitmensch ist, eine Form der Selbstverwaltung bräuchten. Es gibt selbstverständlich andere Berufe, die sich sehr gut anders verwalten können, man denke z. B. an Produktionsbetriebe technischer Ausrichtung.

Die Geschichte der Gründung der Waldorfschule zeigt, dass Steiner im Grunde genommen keine anderen Vorschläge für die Organisation gemacht hat als diesen Grundgedanken der Selbstverwaltung und die Einrichtung einer pädagogischen Konferenz, die sich einmal wöchentlich treffen sollte, und einer geschäftsführenden Konferenz, die die Schule verwaltungsmäßig führt. Diese geschäftsführende Konferenz beauftragt einen Geschäftsführer und administrative Mitarbeiter.

Es gibt Schulen, die sich so organisieren, aber auch andere Schulen, die dieses Bild differenzierter ausführen, und wieder andere, die diese Form der Selbstverwaltung aufgegeben haben und eine außerpädagogische Schulführung eingesetzt haben. Wer die Waldorfschulen betrachtet, wird eine Vielfalt der Organisationsformen antreffen.

Eine Erklärung für die Aufgabe oder Einschränkung der Selbstverwaltung mag sein, dass manche Schulen empfindlicher reagieren auf Störungen der sozialen Harmonie. Die für eine Schule richtige Führungs- und Verwaltungsform kann eben nur durch die Schule selbst gefunden werden, denn jede Schule ist anders. Schulen ab einem gewissen Alter müssen ihre Organisationsform häufig wieder neu entdecken.

Das daraus resultierende Problemfeld erklärt auch die Anfälligkeit für das Anstellen von externen Beratern. Viele Schulgemeinschaften fühlen sich unfähig, sich selbst eine Gestalt zu geben, die zu ihnen passt. Gerade bei den Schulen, die jetzt ungefähr eine Generation alt sind, treten Fragen nach der richtigen organisatorischen Gestaltung in Formen verschiedenartiger Unruhen auf. Es ist wie bei manchen Tieren – nach einer gewissen Zeit müssen sie sich häuten oder das Geweih abwerfen, damit Neues werden kann.

SCHLUSSBETRACHTUNG

Bei aller Unzulänglichkeit, die bei einer Arbeit, die sich immer im Prozess befindet, entsteht, verdienen die Waldorfschulen hohe Anerkennung für den Mut, immer ihren eigenen Weg zu gehen, immer wieder gegen den Strom zu schwimmen. Auch ihre Fähigkeit, sich immer neu in Frage zu stellen, kann nur Bewunderung hervorrufen. Sind sie doch die bisher einzige Schulart, die Steiners Erziehungskunst umzusetzen versucht. Wir haben hier hoffentlich zeigen können, dass diese Erziehungskunst es wert ist, praktiziert zu werden.

Es ist nicht leicht, zwischen Beliebigkeit und Beharrung, zwischen Anpassung und Erneuerung, zwischen Individualismus und Gemeinschaft Wege zu finden. Aber die Schulen bewegen sich, und wer sich bewegt, wird weniger von anderen bewegt.

Die hier skizzierte Schulwelt orientierte sich in der Hauptsache an der deutschen Schulbewegung, im großen Ganzen aber zeichnet sie ein Bild der deutschsprachigen Schulen insgesamt, obwohl es zwischen den Schweizer Steiner-Schulen, den österreichischen Waldorfschulen und der deutschen Schulbewegung erhebliche Unterschiede gibt. Allein schon durch die Tatsache, dass in der Schweiz und in Österreich die Schulen kaum finanziell vom Staat unterstützt werden, ergibt sich ein anderes Schul-Eltern-Verhältnis. Trotzdem kann man mit Recht die Überzeugung gewinnen, dass die Waldorfschulen vielleicht den wichtigsten Beitrag zu einer Erneuerung im Bildungswesen leisten. Aber auch diese Tatsache ist belanglos angesichts der selbstgestellten Aufgabe, den nächsten Generationen eine Erziehung zu bieten, die nachhaltig Kräfte der Selbstgestaltung für das Leben im Miteinander freisetzt, damit die jungen Menschen mit einer genügenden intellektuellen Kreativität lösungsorientiert im Leben stehen können, kurz – Gestalter des eigenen Lebens werden können.

Was kann schöner sein, als an einer solchen Aufgabe mitarbeiten zu dürfen?!

Wir brauchen nicht so fortzuleben, wie wir gestern gelebt haben.

Christian Morgenstern

DAS GOETHEANUM

Die Wochenschrift für Anthroposophie
bestellen: www.dasgoetheanum.ch